DÉPARTEMENT DE LA SEINE

DIRECTION DES AFFAIRES DÉPARTEMENTALES

ÉTAT DES COMMUNES

A LA FIN DU XIXᵉ SIÈCLE

publié sous les auspices du Conseil Général

BOBIGNY

NOTICE HISTORIQUE
ET
RENSEIGNEMENTS ADMINISTRATIFS

MONTÉVRAIN
IMPRIMERIE TYPOGRAPHIQUE DE L'ÉCOLE D'ALEMBERT

1899

BOBIGNY

MONOGRAPHIES

En vente :

ÉPINAY	FRESNES
PIERREFITTE	DRANCY
STAINS	LE PLESSIS-PIQUET
VILLETANEUSE	VILLEMOMBLE
ORLY	BONDY
DUGNY	GENNEVILLIERS
ANTONY	ROMAINVILLE
LE BOURGET	BOURG-LA-REINE
THIAIS	LA COURNEUVE
RUNGIS	BOBIGNY

Sous presse :

SCEAUX	LES LILAS

En préparation :

L'HAŸ	NOISY-LE-SEC
CHATENAY	BONNEUIL-SUR-MARNE

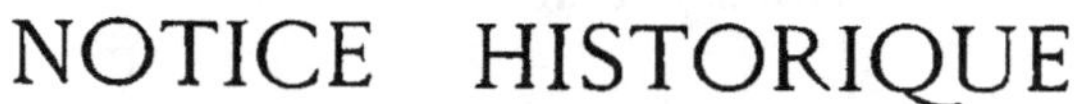

NOTICE HISTORIQUE

BOBIGNY [1]

Anciennement, communauté de la Généralité et de l'Élection de Paris, subdélégation de Saint-Denis, paroisse du doyenné de Montreuil, transféré ensuite à Chelles.

De 1787 à 1790, municipalité du département de Saint-Germain, arrondissement de Saint-Denis, dépendance de Drancy.

De 1790 à l'an IX, commune du district de Saint-Denis (supprimé en l'an III) et du canton de Pierrefitte.

De l'an IX à 1893, commune de l'arrondissement de Saint-Denis et du canton de Pantin.

Actuellement, en vertu de la loi du 12 avril 1893, commune de l'arrondissement de Saint-Denis et du canton de Noisy-le-Sec.

---

1. La nomenclature géographique de la France ne comporte qu'une autre localité nommée Bobigny; elle est située dans le département de l'Aisne; c'est un écart de la commune de Leuze, arrondissement de Vervins, canton. d'Aubenton.

En revanche, il y a deux communes portant le nom de Baubigny, l'une dans la Côte-d'Or, l'autre dans la Manche, et un hameau appelé également Baubigny dans le département de Saône-et-Loire, commune de Saint-Symphorien-des-Bois. Or, comme on va le dire à la page suivante, la forme Baubigny est identique à Bobigny et même la plus exacte au point de vue de l'étymologie.

I. — FAITS HISTORIQUES

Il n'est pas douteux que le nom de Bobigny vient de la forme latine *Balbiniacum*, signifiant domaine de Balbinius. Suivant les lois de la philologie française, la consonne *l* s'étant vocalisée en *u*, on devrait écrire Baubigny, et c'est ainsi, en effet, qu'orthographiaient l'abbé Lebeuf, Hurtaut et Magny, Dulaure, le baron de Guilhermy, plusieurs autres écrivains encore. Toutefois, l'usage s'est introduit de bonne heure dans la commune de conformer l'écriture à la prononciation. On lit Bobigny dans les plus anciens actes de baptêmes, mariages et décès, conservés à la mairie, et qui remontent à l'année 1652 ; ce n'est qu'exceptionnellement, et on pourrait presque dire par erreur, que la forme Baubigny est employée. Nous nous conformerons donc, un peu malgré nous, à l'usage général.

Bobigny est situé au centre de la plaine d'Aubervilliers, prolongement à l'est de la plaine Saint-Denis, entre les deux routes de Paris à Meaux, la route nationale n° 3 par Bondy et la route départementale n° 15, dite des Petits Ponts, par Dammartin. Le sol n'y présente aucune ondulation ; il est exclusivement affecté à la culture, de même que celui des communes voisines : Drancy, la Courneuve, Bondy. Il est impossible de dire avec précision en quel temps vivait le Gallo-Romain Balbinius qui lui a donné son nom : sans doute vers le IIIe ou le IVe siècle. On a retrouvé, au lieu dit la Vache à l'Aise, des vestiges d'une voie romaine correspondant au chemin actuel de grande communication n° 10, de Rueil à Bondy, voie mettant en relations, sans passer par Paris, les provinces de l'est et celles du nord-ouest. L'antiquité du lieu est donc bien établie. Le premier acte où on le trouve mentionné d'une façon certaine date de l'an 700 : c'est le testament d'une femme nommée Ermentrude qui légua beaucoup de biens aux églises de la région ; dans cet acte, elle donne à son fils la moitié de tout ce qu'elle possédait à Bobigny en vêtements, bœufs et instruments aratoires ; comme aucune mention de legs n'est faite pour l'église du lieu, cela permet de penser qu'il n'y en avait pas encore. Il y en avait certainement une à la fin du XIe siècle : une bulle du pape Urbain II, datée du 14 juillet 1096, mentionne, entre autres églises dépendant du prieuré de Saint - Martin - des - Champs de Paris, l'église de Bobigny, *de Balbiniaco*.

Nous devons, dès maintenant, dire que la plupart des faits historiques dont l'exposé va suivre sont empruntés à l'excellent ouvrage que feu l'abbé Masson publia en 1887, comme curé de Bagnolet, sur Bobigny dont il avait été curé de 1863 à 1868. Son livre nous est d'autant plus précieux aujourd'hui que la guerre de 1870 a presque entièrement détruit les archives de la mairie et de la cure qu'il avait heureusement dépouillées avec le plus grand soin. Nous devons cependant dire que ni l'abbé Lebeuf ni lui n'ont connu le plus ancien seigneur du lieu, Eudes de Bobigny, *Odo de Balbiniaco*. Ce qu'on en sait est, d'ailleurs, bien peu de chose ; il signa comme témoin dans une charte de 1093 portant donation au prieuré de Saint-Martin-des-Champs d'une terre sise à Pontiblon, au-dessus du Bourget (*Cartulaire général de Paris*, publié par M. de Lasteyrie dans la Collection de l'Histoire générale de Paris, t. I, p. 136).

Après lui, viennent Étienne de Bobigny, mentionné en 1125, Jean de Bobigny en 1164, Jean de Gisors en 1167, par son mariage avec Aalès, fille d'Adam de Villiers qui détenait une part de la seigneurie ; de ce chef, il prit le nom de Jean de Bobigny.

Une dalle funéraire, aujourd'hui disparue, mais que l'abbé Lebeuf, Guilhermy et l'abbé Masson ont pu voir dans l'ancienne église, et décrire, marquait la sépulture de François de Bobigny qui vivait vers 1218, et de Jean de Bobigny, son fils, mort vers 1294.

La seigneurie passa ensuite, on ne sait comment, à la famille des Le Mire (*mire* est un vieux mot français signifiant médecin). Jean Le Mire en fut propriétaire pendant toute la première partie du XIVe siècle. Il avait des biens immenses à Paris, notamment un hôtel voisin de Saint-Eustache, dans une rue qui porta longtemps son nom avant de recevoir celui qu'elle a aujourd'hui de rue du Jour.

Puis, viennent successivement les familles de Braque, de Jancourt, de Montmorency, de Sévigné, durant le XVe siècle. En 1505, la terre appartenait à François du Boisbaudry, et, douze ans plus tard, à Pierre Perdrier, notaire du roi, greffier de la Ville de Paris, et à ses descendants qui la gardèrent pendant tout le XVIe siècle et le commencement du suivant. Ce sont eux qui firent construire le château qui était situé au cœur même du village, et que la guerre de 1870 a détruit.

Un « aveu et dénombrement » de 1638 le décrit en ces termes :

« Premièrement le chasteau, hostel et maison forte dudict Bobigny en tout droict de seigneurie, closes d'eaues, de ponts-levis, jardins, courts, estables, ainsy que le tout se comporte et extend de toutes parts. Excepté une place et jardin qui est de present applicqué partie en la basse court et partie en jardin où l'on faict les parterres dudict chasteau, le tout clos de petites estables et de murs devers la rue.... »

En 1657, François Jacquier, vidame de Vieu-Maison, seigneur de Belle-Assise, commissaire général des vivres de l'armée, acquit, au prix de 80.000 livres, une notable partie de la seigneurie. Ses fils et petits-fils lui succédèrent dans cette possession jusqu'à la Révolution. Ils en ont donc été les derniers seigneurs. Dès 1791, la terre fut acquise par la famille de Delley de Blancmesnil qui l'a gardée jusqu'en 1870 et a mérité par d'importantes libéralités la reconnaissance de la commune.

Les annales de la paroisse même, sous l'ancien régime, ne fournissent que bien peu de faits saillants. Le plus curieux, rapporté tout au long par l'abbé Masson, est l'arrestation et la condamnation, en 1581, de Jean Tesnier, vicaire et maître des écoles de Bobigny, convaincu d'avoir fabriqué de la fausse monnaie. Incarcéré au For-l'Évêque à Paris, il fut condamné par la Cour des Monnaies « à faire amende honorable au bureau de ladite Cour, icelle seant et à huys ouvert, la teste nue, à deux genoulx, tenant en main une torche de cire ardente du poix de deux livres, dire et declairer à haulte voix que temerairement et comme mal advisé il a baillé et exposé pour vendre les rongnures d'or et d'argent fondu, dont il se repent et en demande pardon à Dieu, au roy et à justice, et faire semblable amende honorable, tant à la pierre de marbre, au bout des grands degrés du Palais que devant la porte de l'église Saint-Leuffroy.... »

L'arrêt le condamnait, en outre, au bannissement perpétuel et à une amende de quarante écus.

Tesnier en appela, mais son appel fut rejeté par le Parlement, le 19 novembre de cette même année 1581.

L'historien de Bobigny rapporte qu'en 1782, Louis XVI vint voir le jardin d'un habitant du pays, Louis-Guillaume Charlemagne, avocat au Parlement. Il paraît que ce dernier avait affirmé au roi que son jardin valait bien celui des Tuileries, et qu'après vérification le roi en convint. Nous avons bien peur d'être là dans le domaine de l'anecdote et de la légende : ce jardin n'était autre chose que cent arpents de blé prêts pour la moisson. Si débonnaire que fût Louis XVI, un simple avocat du Parlement n'eût pas osé se permettre vis-à-vis de lui une plaisanterie aussi pastorale.

En 1787, la municipalité de Bobigny fut constituée en vertu du nouveau règlement du 8 juillet 1787 qui réorganisait l'administration de la France. La paroisse comptait alors 45 feux. Louis-Robert Malice, laboureur, fut élu syndic ; Julien-Daniel Legrand, laboureur, Louis-Maximilien Jollin, maçon, et Étienne-Julien Dupont, laboureur, furent nommés syndics. Ces quatre personnages constituèrent, avec le curé et le seigneur, le Conseil municipal de la paroisse. L'abbé Masson a omis de dire que, pendant la période de 1787 à 1790, Bobigny fit partie d'un département qui avait Saint-Denis pour chef-lieu, et de l'arrondissement de Saint-Denis. Les arrondissements, on le voit, sont antérieurs à la Révolution.

Voici le texte des doléances rédigées en 1789 par le corps municipal pour être soumises aux États généraux:

Cahier des doléances et remontrances que les gens du tiers état de la paroisse de Bobigny près Paris demandent être portées par leurs députés en l'assemblée qui se tiendra devant M. le prévôt de Paris, le 18 du présent mois, pour être ensuite portées en l'Assemblée des États généraux, convoquée par Sa Majesté à Versailles pour le 27 avril 1789. .

Lesdits gens du tiers état, pénétrés de la plus vive reconnaissance envers Sa Majesté à cause de la facilité qu'elle leur donne de faire parvenir aux pieds de son trône leurs plaintes et doléances, et pleins de confiance dans les députés que leurs lumières et leur patriotisme appelleront à l'Assemblée des États généraux, osent supplier S. M. d'ordonner que tout ce qui sera arrêté en ladite assemblée soit exécuté ponctuellement à moins que, par la suite, et par l'avis des États généraux, elle ne croit devoir y ajouter ou diminuer pour l'intérêt de l'État, son bonheur particulier et celui de ses fidèles sujets.

Pour obtenir le redressement de leurs griefs, ils demandent :

1° La diminution du [prix du] pain :

2° Que tous ecclésiastiques, nobles ou autres privilégiés payent l'impôt sans distinction d'ordre, à raison de leurs propriétés ;

3° La suppression des capitaineries ; et, en cas de délit causé par le gibier, que l'on autorise à le faire constater par une seule visite;

4° La suppression de la taille, ruineuse pour le cultivateur, la mise en fonds étant indispensable pour son exploitation ;

5° L'abolition du droit d'échange et de péage ;

6° La suppression du droit de franc-fief ;

7° Un nouveau tarif modéré pour les droits de contrôle et d'insinuation ;

8° La réunion de tous les impôts en un seul ;

9° Que, pour prévenir la mendicité, il soit prélevé, sur la masse des impositions de chaque paroisse, un vingtième pour être employé au soulagement des pauvres nécessiteux à qui il n'en sera fait distribution, en cas qu'ils soient valides, qu'après avoir été employés à des travaux utiles à la paroisse ;

10° Que la corvée soit payée sans distinction par les privilégiés comme par le tiers état, puisque la facilité qu'elle donne au transport des denrées fait affermer leurs biens en conséquence ;

11° Le rachat des dîmes en argent ;

12° La suppression des fermiers généraux ;

13° La suppression entière de la gabelle et du tabac ou, au moins, à un prix modéré ;

15° La suppression des droits de minage et d'étalonnage ;

16° La prolongation des baux des biens de la campagne, sans payer les droits du demi-centième de denier ;

17° L'exécution entière des baux des ecclésiastiques et gens de main morte ;

18° Établir une juridiction rurale où toutes les contestations relativement aux biens de la campagne seront portées.

Et comme les demandes faites par autres paroisses peuvent les intéresser, ils déclarent qu'ils s'en rapportent à leurs députés pour les faire valoir ainsi que celles énoncées au présent cahier.

Signé : Malice ; Lezier ; Deveaux ; Mennessier ; Jollin ; Charpentier ; Dupont ; et Dutour, commis-greffier 1.

Les habitants accueillirent avec transport l'ère de liberté. Le 14 juillet 1790, fête de la Fédération, ils se réunirent dans l'église pour prêter le serment de fidélité dans les termes suivants :

« Je jure d'être à jamais fidèle à la Nation, à la Loi et au Roi, de protéger conformément aux lois, la sûreté des personnes et des propriétés, la libre circulation des grains et des subsistances dans l'intérieur du royaume et la perception des contributions publiques sous quelque forme qu'elles existent, et de demeurer uni à tous les Français par les liens indissolubles de la fraternité. » Le maire ayant lu cette formule, tous les assistants répondirent : « Je le jure. »

Deux ans plus tard, lorsque nos frontières furent menacées par les ennemis de la Révolution, ils tinrent parole en envoyant à plusieurs reprises des engagés volontaires.

L'abbé Masson n'a pas connu les deux documents qui suivent. Ils montrent, d'une façon fort curieuse, l'état des esprits au point de vue religieux :

---

1. *Archives parlementaires*, t. IV, p. 359.

Extrait du registre des délibérations de la commune de Bobigny, district de Saint-Denis, département de Paris.

Aujourd'huy vingt troisième jour d'avril mil sept cent quatre vingt treize, l'an deuxième de la République françoise, nous, maire, officiers municipaux, procureur de la commune, etc., réunis au lieu ordinaire de nos séances : le citoyen maire a rapporté à l'assemblée des décrets qui ordonnent la suppression des signes de la féodalité, et que la municipalité précédente avait négligé de mettre à exécution en laissant subsister aux vitraux de l'église de la commune de Bobigny les armoiries du cy-devant seigeur et a dit qu'il étoit instant de les supprimer. Qu'ayant consulté à cet effet plusieurs vitriers, le citoyen Chrétien, vitrier à Paris, étoit celui qui avoit proposé de le faire au moindre prix, et ce moyennant la somme de soixante livres. Que la commune n'ayant aucun fonds et la fabrique ayant été considérablement endettée dans les années précédentes, il seroit présenté un Mémoire au Département pour obtenir ladite somme de soixante livres dues au vitrier pour cet objet. Sur ce, le Procureur de la commune entendu, il a été arrêté à l'unanimité que le citoyen Chrétien, vitrier à Paris, faubourg du Nord, ci-devant Saint-Martin, changera dans le plus bref délai tous les vitraux de l'église sur lesquels sont peintes les armes des cy-devant seigneurs et y substituera des vitraux blancs, moyennant le prix et somme de soixante livres, et que la municipalité prendra la mesure cy-dessus proposée pour parvenir au payement. Fait et arrêté en la commune de Bobigny les jour, mois et an que dessus 1. »

On pourrait croire, après avoir lu cette délibération, que le respect du culte catholique était devenu fort indifférent à la municipalité. Or, il n'en est rien. Voici la lettre qu'elle adressait, quinze jours après, le 3 mai, au Directoire de district :

Aux citoyens administrateurs composant le Directoire du district de Saint-Denis.

Citoyens,

Les besoins de notre église joints au manque de fonds pour y rémédier nous engagent de nous adresser à vous pour former une demande qui nous paraît susceptible d'être accordée. Ne serait-il pas possible d'obtenir pour notre paroisse quelques chasubles et chappes parmi celles qui ont été retirées des églises supprimées ? Nous aurions surtout grand besoin d'une violette et de trois chappes pareilles. Nous pensons qu'en en formant la demande au Département, nous pourrions l'obtenir.

Veuillez bien, citoyens administrateurs, prendre en considération notre pétition à ce sujet.

Les maire, officiers municipaux, procureurs, notables
de la commune de Bobigny,
Féchoz, maire.
Mennessier, procureur.

Dutour, *secrétaire-greffier* 2.

1. Archives de la Seine, Dép. L. IV.
2. Archives de la Seine, Dép. L. II.

Il n'est pas sans intérêt de constater que le maire Féchoz était ancien curé de la paroisse. Aussi, l'abbé Masson le traite-t-il de Judas, pour avoir adressé peu après au Directoire de district le billet suivant, daté du 3o germinal an II (19 avril 1794) :

Citoyens,

Nous serions charmés d'être débarrassés des ornements d'église mis sous scellés dans la ci-devant sacristie, lesquels ornements ont été gardés conformément au décret du 13 brumaire an II (3 novembre 1793), ayant déjà eu l'intention de les vendre au profit des pauvres.

Salut et fraternité.
Féchoz, maire.

L'invasion de 1814 vint jeter la terreur dans ces paisibles campagnes. On sait que les deux souverains alliés, le roi de Prusse et l'empereur de Russie, eurent, pendant les derniers jours de mars, leur quartier général à Bondy. En le quittant, leurs troupes traversèrent Bobigny pour entrer dans Paris par Pantin et la barrière de la Villette. Il ne paraît pas que le village ait eu beaucoup à souffrir alors de leur passage ; mais il n'en fut pas de même l'année suivante, lors de la seconde invasion qui suivit Waterloo.

On s'en fera une idée par la lettre suivante, du 7 novembre 1815, adressée par le maire au sous-préfet de Saint-Denis :

Monsieur,

J'ai l'honneur de vous informer de la position malheureuse dans laquelle se trouvent les habitants de la commune. Depuis dix jours, ils sont surchargés de logements d'hommes et de chevaux qu'on avait dit être de passage. Le 29 octobre dernier, le commissariat des vivres et des fourrages de la division Brunswick s'est établi dans la ferme que j'habite, et Messieurs les commissaires m'ont forcé de vider les granges et les greniers pour avoir ces bâtiments à leur disposition. Eux-mêmes ont jeté dehors la paille qui, à leur gré, n'était pas dérangée assez promptement. Plus de mille bottes ont été emportées par leurs conducteurs, et consommées par leurs chevaux. Madame veuve Mongrolle, qui a sa demeure dans l'une desdites fermes, a été obligée de quitter son domicile pour faire place à ces Messieurs.

Nombre d'habitants ont abandonné le village, et les charges n'en sont demeurées que plus lourdes pour ceux qui ont gardé leurs foyers. Du reste, ces Messieurs ne veulent point loger dans des maisons qui ne sont pas habitées. Ils ont dit en arrivant qu'ils ne devaient rester que deux jours, et maintenant ils parlent de demeurer tout l'hiver.

S'il en devait être ainsi, nous serions dans la nécessité d'abandonner à notre tour nos maisons, parce que nous serions dans l'impossibilité de satisfaire les exigences de ces étrangers, et dans l'impossibilité aussi de nous livrer à nos travaux, et particulièrement au travail des semences.

Veuillez prendre en considération nos justes plaintes, et faire que le commissariat soit placé dans une autre localité.

Je suis, Monsieur le Sous-Préfet, avec la plus haute considération, votre serviteur :

MONGROLLE, *maire.*

Bien plus désastreuse encore allait être la troisième des invasions que notre malheureux pays a eu à subir dans le cours du siècle. Toute la commune émigra à Paris. Les Allemands occupèrent le village dès le mois de septembre, puis l'abandonnèrent, mais il n'y gagna rien pour cela. Une délibération du 25 août 1871 établit que « les nécessités de la défense promenant partout l'incendie ont ruiné complètement la cure, la mairie, qui sont à reprendre aux fondations, l'école de filles, l'église pour trois quarts, l'école de garçons pour un tiers, tant dans le bâtiment que dans le mobilier, coupé au niveau du sol, les plantations publiques et particulières, ruiné toutes les maisons privées à l'exception de quatre, brûlé ou dissipé les instruments agricoles et les meubles intérieurs, bouleversé le sol par plus de 20.000 mètres de tranchées.... » Le texte ajoute que la récolte de 1870 a été pillée, que celle de 1871 est compromise, qu'un tiers des habitants n'a pu rentrer, et que les autres logent encore dans les caves ou dans des abris provisoires.

Ici, comme ailleurs, les maisons particulières se sont rebâties, plus nombreuses et plus confortables qu'elles n'étaient ; les édifices publics ont été reconstruits ; tous ces douloureux désastres sont, matériellement au moins, réparés. Depuis lors, les annales historiques de la commune n'offrent plus de particularité digne d'être notée. En terminant ce chapitre, nous avons plaisir à noter que la municipalité ne s'est pas désintéressée de la célébration de nos gloires nationales en s'associant, par le vote de crédits, à honorer la mémoire de Raspail, du président Carnot et de Pasteur.

II. — MODIFICATIONS TERRITORIALES ET ADMINISTRATIVES

Il ne paraît pas que les limites de la commune aient été contestées ou modifiées depuis les temps les plus anciens. Nous renvoyons à l'ouvrage de l'abbé Masson pour la description de ses divers cantons et la nomenclature des habitations agglomérées en 1868.

En revanche, cet auteur déclare à tort que, dès 1790, Bobigny faisait partie du canton de Pantin. Le document suivant prouve qu'il n'en est rien :

Rapport du Ministre de l'intérieur au Directoire exécutif.
17 floréal an V (6 mai 1797).

La commune de Bobigny, canton de Pierrefitte, département de la Seine, sollicite sa réunion au canton de Pantin, du même département.

L'administration municipale du canton de Pierrefitte, consultée, a cru devoir passer à l'ordre du jour, attendu, dit-elle, que *rigoureusement parlant,* il n'y a pas plus d'un myriamètre de Bobigny à Pierrefitte. Mais, d'une part, ces expressions semblent être un aveu tacite du plus grand éloignement, attesté par les pétitionnaires; de l'autre, l'administration municipale de Pantin et l'administration du Département, qui certifient que Bobigny, éloigné de près de 2 lieues de Pierrefitte, n'est qu'à une demi-lieue de Pantin, ont reconnu l'utilité de cette translation, dont l'effet est de rapprocher les administrés du chef-lieu de l'administration. Je crois donc devoir proposer au Directoire exécutif un message tendant à proposer la translation sollicitée 1 .

Cette translation était sollicitée depuis une année au moins, ainsi que l'attestent plusieurs mémoires ou sommaires qui se trouvent au même dossier. Nous citerons, en en respectant l'orthographe, une des pétitions qu'avait rédigées, à cet effet, la commune de Bobigny.

Au citoïen ministre de l'Intérieur,

La commune de Bobigny, actuellement canton de Pierrefitte, département de la Seine, animée du désir de remplir ses devoirs et de jouire du bienfait de l'administration que luy donne la Constitution, vous représente qu'il a déjà invoqué de votre justice pour sa réunion au canton de Pantin, au lieu de celuy de Pierrefitte, dont elle ne doit point faire partie, au terme de la Constitution, puisqu'elle en est éloignée de près de trois lieuz.

Dans le courant de pluviôse de l'an 4, le citoien Champagneux fit un rapport formant demande d'un message du directoire au Conseil législatif à l'appui de l'approuvé du département; les piesses sont enregistrées sous le n° (*en blanc*).

Les grandes occupations du Gouvernement ont sen doute été un obstacle à ce qu'il pût s'en occuper. Néanmoins, le service public souffre, et les grand travaux que prépare la campagne vont mettre la commune dans l'impossibilité de jouir des avantages de son administration.

Pourquoi il vous supplie, citoien Ministre, de prendre son itérative demande les *(sic)* considération et de faire accélérer la justice qu'elle a droit d'attendre du Gouvernement.

Salut et respects par les soussignés.

MONGROLLE, agent municipal.   HERVÉ.

La mesure ne fut prise, cependant, que deux ans après.

1. Archives nationales F 2 I, 552.

A la séance du 17 pluviôse an VII (5 février 1799), Pollart, le représentant de la Seine, proposa au Conseil des Cinq-Cents la mesure si ardemment réclamée. « Le Directoire exécutif, dit-il, en son message du 17 floréal an V, l'administration du département de la Seine, en sa délibération du 4 prairial an IV, l'administration municipale du canton de Pantin sont d'avis de cette réunion », et il ajoute que les administrateurs du canton de Pierrefitte s'y opposent en se fondant sur l'article 5 de la Constitution qui porte que la commune la plus éloignée du chef-lieu devra être située à un myriamètre au plus de ce chef-lieu, mais c'est là une fausse interprétation, car « il n'est pas nécessaire qu'il y ait précisément plus d'un myriamètre de distance pour autoriser ce changement ».

Le rapporteur énumère ensuite les avantages de la réunion :

1° Le chemin de Bobigny à Pantin est pavé ; il est journellement fréquenté, et dans toutes les saisons, au lieu que celui qui conduit de cette commune à Pierrefitte est un chemin de traverse absolument impraticable en hiver.

2° Les habitants de Pantin, Bondy et Noisy font valoir des terres sur le territoire de Bobigny, de sorte qu'en cas de contestation ils sont forcés d'aller tantôt devant le juge de paix de Pantin, tantôt devant celui de Pierrefitte.

3° Il n'y a pas de rapports entre Bobigny et Pierrefitte, tandis qu'il y en a de quotidiennes avec Pantin à cause du transport des denrées à Paris par Pantin.

4° Les opérations administratives seront mieux centralisées 1.

Le 22 ventôse suivant (12 mars 1799), le Conseil des Cinq-Cents prenait la résolution suivante :

ART. Ier.— La commune de Bobigny, département de la Seine, ne fera plus partie de la cironscription du canton de Pierrefitte ; elle sera réunie à la circonscription de Pantin.

ART. II. — La présente résolution ne sera pas imprimée ; elle sera portée au Conseil des Anciens par un messager d'État.

Le 9 germinal (22 mars), le Conseil des Anciens approuva la résolution, après avoir entendu le rapporteur faire l'observation suivante : « L'objection de la commune de Pierrefitte contre cette réunion n'a aucun fondement réel, puisque l'article 5 de la Constitution, duquel elle s'est appuyée, ne peut être interprété de la manière que l'a fait cette commune. Toutes les formalités, d'ailleurs, ont été observées. »

1. Archives nationales AD1, 61, collection Rondonneau.

Lors de l'enquête administrative sur la suppression des sous-préfectures, le Conseil municipal, dans sa séance du 10 mars 1877, se déclara partisan de la réunion en un seul des deux arrondissements du département, mais hostile à leur administration par un seul fonctionnaire résidant à Paris, et à la fixation à dix-huit des membres du Conseil d'arrondissement.

III. — ANNALES ADMINISTRATIVES. — LISTE DES MAIRES

Enseignement. — On a vu plus haut que, dès 1580, Bobigny avait des écoles dont la direction était confiée au vicaire de la paroisse ; c'était alors messire Jean Tesnier, qui subit une condamnation comme faux monnayeur. Aux siècles suivants, l'enseignement fut donnée par un instituteur laïc. La Révolution y apporta d'abord un certain trouble et pendant quelque temps les classes furent fermées, mais un décret de la Convention, du 29 frimaire an II, prescrivit la réorganisation de l'instruction publique dans toutes les communes avec des pénalités sévères pour celles qui ne s'y conformeraient pas.

Le 25 ventôse an II (15 mars 1794), l'ancien maître d'école offrit ses services, qui furent accueillis dans les termes suivants :

« Le citoyen Guillaume Dutour, ci-devant maitre d'école de la commune de Bobigny depuis le 20 février 1762, âgé actuellement de cinquante ans, d'après le décret du 29 frimaire an II (19 décembre 1793), déclare devant l'assemblée des citoyens de la commune qu'il a l'intention d'ouvrir une école primaire à Bobigny. Le Conseil général et l'assemblée des citoyens de la commune, rendant justice au civisme du citoyen Dutour et l'ayant toujours reconnu de bonnes mœurs, faisant droit à sa déclaration, l'acceptent pour instituteur. Et au même instant, ledit Dutour a prêté, en présence de toute l'Assemblée, le serment d'être fidèle à la République française, une et indivisible, de maintenir de tout son pouvoir la liberté, l'égalité et la fraternité, et de mourir en les défendant ; de remplir avec zèle la fonction honorable et précieuse qui lui est confiée en qualité d'instituteur, et de n'enseigner aux enfants que ce qui est prescrit par l'article second de la section troisième dudit décret du 29 frimaire, d'éloigner d'eux tout signe ou lectures particulières qui pourraient rappeler en eux les idées du fanatisme ou faire naître en eux le germe de tout autre culte que celui de la Raison.

« Fait et arrêté en l'assemblée au temple de la Raison, les jour mois et an que dessus. Et ont signé la minute sur les registres. »

Une école de filles fut installée dans l'ancien château, le 22 septembre 1864, par le comte de Blancmesnil, et entretenue à ses frais. Elle était dirigée par les sœurs de Saint-Vincent de Paul.

Par délibération du 6 novembre 1869, le Conseil décida de présenter au préfet la liste des enfants des écoles admissibles à la gratuité, liste comprenant onze noms.

Instituteur et secrétaire de mairie. — Jusqu'en 1864, l'instituteur cumula ses fonctions avec celles de secrétaire de la mairie. A cette date (délibération du 15 mai) les deux emplois devinrent distincts ; le secrétaire de la mairie eut un traitement de 1.200 francs ; celui de l'instituteur fut fixé à 500 francs, plus 500 francs environ de rétribution scolaire, en raison de ce que la commune comptait 850 habitants. Une délibération du 26 mai 1865 fixa la rétribution scolaire mensuelle à 2 francs et le traitement de l'instituteur à 800 francs.

Pompe à incendie. — L'achat d'une pompe à incendie, considéré comme dépense de premier ordre, fut voté par le Conseil le 25 mai 1862. A cet effet, une somme de 300 francs était inscrite au bugdet et le préfet était prié d'y ajouter une subvention. Une nouvelle délibération dans le même sens fut prise le 8 février 1863.

Cimetière parisien. — On sait que la Ville de Paris a créé en 1884 un vaste cimetière situé partie sur la commune de Pantin, partie sur la commune de Bobigny. Alors que cette fondation n'était encore qu'en projet, le Conseil municipal de Bobigny fit entendre une protestation très énergique, mais dont on ne tint pas compte (délibération du 6 novembre 1883).

Voiture publique. — Dans le cours de l'année 1887, des négociations furent engagées entre le maire et un entrepreneur pour l'organisation d'un service de voitures. Il y aurait eu, le matin, deux départs pour les Halles, et dans la journée deux départs pour Pantin (porte d'Allemagne). Le prix aurait été de 60 centimes par place. Les pourparlers n'aboutirent pas, faute de ressources.

Bureau de poste. — Il a été ouvert le 1er décembre 1893. Jusque-là, le service postal se faisait par le bureau de Pantin.

MALICE, Louis-Robert. 1790-1791.
LÉZIER, Claude. 1791-1792. Mort en fonctions.
MONGROLLE, Pierre. 1792-1793.
FÉCHOZ, Jean-Baptiste-Louis. 1793-1794.
CLÉMENT, Pierre-René. 1794-1795.
JOLLIN, Louis-Maximilien. 1795.
MONGROLLE, Pierre. 1795-1813. Agent municipal, puis maire. Mort en fonctions.
MONGROLLE, Pierre-François. 1813-1846. Démissionnaire.
TOUSSAINT-TOURLY, Louis. 1846-1867. Démissionnaire.
JOLLIN, Auguste-Hippolyte. 1867-1874.
MÉRIE, Jean-Hippolyte. Nommé par arrêté préfectoral du 28 février 1874. Élu le 8 octobre 1876. Réélu le 21 janvier 1878.
SÉNÈQUE, Louis. Élu le 19 avril 1881.
BOYER, Antoine-Hippolyte. Élu le 17 mai 1884. Réélu le 19 mai 1888, le 15 mai 1892 et le 14 mai 1896.

IV. — MONUMENTS ET ÉDIFICES PUBLICS

Mairie. — A l'origine, les assemblées communales se tinrent, comme presque partout, dans l'église même. Les affaires municipales, peu compliquées, se réglaient au domicile même du maire. Plus tard, la mairie fut installée dans un bâtiment en mauvais état, devant l'église ; elle n'occupait qu'une seule pièce de cet immeuble, et une délibération du 25 mai 1866 constate que les mariages s'y heurtent avec le receveur municipal et le contrôleur des contributions. La délibération comportait l'acquisition d'un terrain pour la construction d'une véritable mairie et d'une école de garçons. L'école seule fut alors construite. La guerre de 1870 acheva de ruiner le bâtiment voisin de l'église. Les services furent alors installés dans une maison prise en location. A plusieurs reprises (notamment les 23 mars 1873 et 6 août 1884), la reconstruction de la mairie fut réclamée par le Conseil ; elle eut lieu enfin à la suite d'un arrêté préfectoral du 16 juillet 1885, autorisant la commune à emprunter au Crédit foncier la somme de 43.500 francs. A la séance du 18 avril suivant, le maire fit connaître que le département allouait une somme de 50.000 francs. L'inauguration eut lieu en 1886.

Église. — Celle que l'abbé Lebeuf avait vue, vers 1750, était, d'après lui, ancienne, « mais elle a été si souvent réparée et replâtrée qu'on n'y connaît aucuns vestiges des siècles reculés ». On y lisait une inscription funéraire assez curieuse :

Cy dessous, gist de Dieu le leal serviteur,
Jehan Bruneau prêtre de Bobigny, curé,
Clerc de la Chambre, Chapelain de Monsieur,
Servans a tous tant comme il a duré,
Par dard mortel fut le corps separé
De avec l'ame l'an mil cinq cent et quatre,
Le jour treizième de Juillet mal paré.
Dieu par sa grace veille ses maux rabattre.

L'édifice fut entièrement reconstruit en 1769. Il fut détruit en 1870. Sa reconstruction fut votée par le Conseil municipal le 25 septembre 1872. Le devis s'élevait à 53.782 fr. 10 centimes.

BIBLIOGRAPHIE

L'abbé Lebeuf, *Histoire du diocèse de Paris*, tome II, pp. 634-639 de l'édition de 1883.

L'abbé Masson, *Bobigny (lez-Paris) ; la seigneurie, la commune, la paroisse, de l'an 450 jusqu'à nos jours ;* Paris, Champion, 1887, in-8.

Fernand Bournon

RENSEIGNEMENTS
ADMINISTRATIFS

I. — TOPOGRAPHIE, DÉMOGRAPHIE ET FINANCES

§ I. — TERRITOIRE ET DOMAINE

A. — TERRITOIRE

Nom. — Bobigny.

Dénomination des habitants. — Balbiniens.

Armoiries. — Néant.

Limites du territoire. — La commune de Bobigny est bornée :
Au Nord, par Drancy ;
A l'Est, par Bondy ;
Au Sud, par Noisy-le-Sec et Romainville ;
A l'Ouest, par Pantin, Aubervilliers et la Courneuve.

Quartiers, hameaux, écarts. — En outre de Bobigny-Centre où se trouvent la mairie, les écoles et l'église, il y a, au Sud, le quartier de la Folie.

C'est à la Folie que l'on voit les débris d'une ancienne tour fortifiée, sous laquelle des caveaux avaient été creusés.

Vers 1650, elle a été transformée en moulin. Actuellement il existe plusieurs glacières dans les anciens caveaux et souterrains de cette tour ; elles sont exploitées par la Cie des Glacières de Paris.

Au Sud-Ouest, près de Pantin, se trouve le « Petit-Bobigny », plus communément appelé par les habitants de la commune « les Bornes ».

Enfin, au Nord, est situé un autre hameau appelé les « Six

Routes », dénomination qui lui vient de ce que, précisément, il est placé au carrefour des chemins de grande communication n° 10 et n° 40 et de la route départementale n° 15. C'est en ce point que sera la tête de ligne du tramway projeté venant de Pantin dont il sera parlé plus loin.

Lieux dits. — La Vache à l'Aise ; la Motte ; l'Orme Saint-Denis ; le Champ Fameleux ; les Plâtrières ; le Pommier Rond ; le Grand Fossé ; le Gland ; la Grande Denise ; la Mare à Dufour ; la Mare Florentin ; le Saut Morlet ; l'Abreuvoir ; la Madeleine ; l'Orme de Bret ; Entre les Deux Chemins ; les Sablons ; les Guérets ; la Violette ; la Bergère ; la Grande Maison ; Ferme de Bobigny ; la Couture ; le Pré Souverain ; les Ormes ; le Marais à Dufour ; la Cerisaie ; les Vieilles Vignes ; Moulin de la Folie ; le Bordeau Brisset ; les Bornes ; la Haute Borne ; le Merisier ; le Clos Billard ; l'Amandier ; le Trou Bonne Eau ; l'Eau Bonne.

Superficie de la commune. — La superficie actuelle du territoire de la commune est de 671 hectares, dont :

Propriétés bâties	35 h.
Propriétés non bâties	636 h.
Total égal	671 h.

Arrondissement. — Saint-Denis.

Canton. — Noisy-le-Sec.

Circonscription électorale législative. — Première circonscription de l'arrondissement de Saint-Denis.

Sectionnement électoral. — Pas de sectionnement.

Bureau de vote. — Un seul bureau de vote, à la mairie.

Circonscription de commissariat. — Commissariat de police de Pantin.

Orographie. — Point le plus élevé au-dessus du niveau de la mer : 55 mètres, au hameau de la Folie et aux limites ; point le plus bas : 40 mètres, au lieu dit « la Vache à l'Aise », au Nord-Ouest de la commune, à la limite de la Courneuve.

L'altitude a été repérée, à l'église, à la cote 48,3.

Hydrographie. — La commune est traversée, dans sa partie Sud, suivant une ligne parallèle à la route nationale n° 3, de Paris à Metz, par le canal de l'Ourcq dont il sera parlé page 46.

C'est sur le territoire de Bobigny que prend sa source le ru dit de Montfort, à l'endroit où se trouvait le château de Bobigny dont les restes existent encore et sont situés rue de la Cité. Les fossés du château, que l'on pouvait voir encore au commencement du siècle, étaient alimentés par les eaux vives de ce petit ru.

Depuis, le fossé où il coule a été prolongé jusqu'au canal de l'Ourcq, auquel il sert de déversoir.

C'est vers 1810 qu'ont été exécutés ces travaux, après une inondation à la suite de laquelle les eaux de l'Ourcq, ayant fait irruption dans la plaine de Bobigny, causèrent des dégâts considérables et mirent la ville de Paris dans l'obligation d'indemniser les propriétaires riverains.

Depuis l'exécution de ces travaux le fossé d'assainissement de Noisy-le-Sec déverse ses eaux dans le ru de Montfort.

Le ru de Montfort, depuis l'exécution de ces travaux, traverse la commune du Sud-Est au Nord-Ouest. En effet, il part du canal de l'Ourcq, près de Noisy, dont il reçoit les eaux résiduaires ainsi qu'il vient d'être dit, et sort au Nord-Ouest du côté de la commune de la Courneuve pour aller se jeter dans la Seine à Saint-Denis.

Son nom de ru de Montfort lui viendrait de la légère éminence où il prend sa source, qui, dans les siècles passés, a toujours été occupée par un manoir fortifié.

DÉSIGNATION des COURS D'EAU	LOCALITÉS du département situées SUR LES COURS D'EAU	LIMITES dans le département DES COURS D'EAU ou de leurs sections		LONGUEURS comprises dans le DÉPARTEMENT	LARGEUR MOYENNE des cours d'eau ou de leurs sections	PENTE TOTALE par cours d'eau ou par section	SURFACE DU VERSANT de chaque cours d'eau dans le DÉPARTEMENT
		A L'AVAL	A L'AMONT				
				mètres	mèt.	mèt.	m. car.
Ru de Montfort..	Saint-Denis Aubervilliers, Bobigny, Noisy.	Rivière du Croult	Sources de Montfort...	10.490	2	19	1,200

DÉSIGNATION des COURS D'EAU	VOLUME PAR SECONDE		
	DES EAUX ORDINAIRES	DES EAUX D'ÉTIAGE	DES GRANDES EAUX
	mèt. cub.	mèt. cub.	mèt. cub.
Ru de Montfort.................	0.015	0.010	0.060

B. — DOMAINE

Mairie. — La mairie est située sur la place de ce nom.

La superficie de cette place est de 1.391 mètres carrés dont 241 sont occupés par le monument.

Elle a été construite en 1885 et 1886 et a coûté 106.000 francs dont 11.000 ont été consacrés à l'acquisition du terrain.

De forme rectangulaire, elle ne présente aucun caractère architectural. La façade principale est ajourée de trois fenêtres au rez-de-chaussée, ainsi qu'au 1ᵉʳ et au 2ᵉ étage. Elle est surmontée d'une horloge.

Au rez-de-chaussée, en entrant, se trouve à droite le cabinet du maire ; à gauche, le local du concierge, à la suite duquel est la bibliothèque municipale ; au fond, la salle du Conseil ; au 1ᵉʳ, la salle des mariages. Cette salle, de forme rectangulaire, est éclairée par 6 larges baies vitrées. De ces baies, dont l'une au Nord donne accès sur un balcon, on découvre une vue admirable et d'une portée immense.

Au 2ᵉ étage sont les archives et le logement du secrétaire. On y accède par un escalier qui débouche sur la façade Est du monument ; c'est de ce côté qu'est installé au rez-de-chaussée le secrétariat.

Écoles. — L'école de garçons se trouve sur la place Carnot, au coin de la rue de la Cité. Elle occupe une superficie de 492 mètres carrés dont 182 mètres de bâtiments, 58 de préau et 252 de cours.

Elle a été construite en 1869 et a coûté 40.779 fr. 60.

En 1893, une somme de 7.502 fr. 92 a été dépensée pour l'aménagement de cette école.

L'école de filles est installée rue de la République, n° 3. Elle a une superficie totale de 589 m. 70 dont 252 m. 70 de constructions, 164 de préau et 173 de cours.

Elle a été construite en 1875 et a coûté 38.810 fr. 41.

En 1882-1883, l'école de filles a été agrandie. Une annexe de 480 mètres dont 244 de bâtiments et 236 de cours, qui a son entrée rue des Marais, a été ajoutée à l'école. Celle-ci est devenue par ce fait une école mixte, recevant des enfants âgés de moins de 6 ans. Cette annexe de l'école de filles qui tient lieu d'école maternelle a coûté 42.571 fr. 20.

Les écoles sont la propriété de la commune.

Église. — L'église est située place Carnot. Elle a été construite en 1873-1874 par Lequeux, architecte. Elle occupe une superficie de 402 mètres carrés. Elle a coûté 82.000 francs. Elle appartient à la commune.

La façade se compose de trois parties principales. La partie centrale est surmontée d'un campanile.

Le plan de l'église est en forme de croix latine avec nef principale accompagnée de bas côtés limités au transsept.

La nef se termine par un hémicycle occupé par le maître-autel.

Les bas côtés ont chacun, à leur extrémité, une chapelle : celui de gauche, la chapelle des fonts ; celui de droite, celle de Saint-Fiacre.

En 1890, une somme de 2.865 fr. 24 a été dépensée pour réparer l'église.

Temple. — *Synagogue.* — Néant.

Presbytère. — Le presbytère est situé place Carnot, près de l'église.

Il appartient à la commune qui l'a fait construire en 1879 sur un terrain qui avait été donné, en 1873, par M. de Lavau à condition qu'il serait affecté au logement du desservant.

La construction qui occupe 98 mètres a coûté 21.158 fr. 14. Elle est entourée d'un jardin de 1.712 mètres carrés.

Cimetières. — Le cimetière communal, d'une superficie de 20 a. 99 c., est situé à l'angle des chemins de Drancy à Bobigny et de Bondy à Bobigny.

Il a été acquis par la commune en 1854.

En 1880, les murs du cimetière ont été refaits ; la somme dépensée pour ce travail a été de 4.232 fr. 57.

Une délibération du 18 août 1883, approuvée le 28 novembre de la même année, a autorisé un particulier à établir un caveau provisoire dans le cimetière, à l'exploiter à son profit, pendant une durée de quinze ans à compter du 1er juillet 1883.

A l'expiration de ce délai, c'est-à-dire au 1er juillet dernier, la commune en est devenue propriétaire. Depuis cette époque, elle perçoit pour son compte les droits de dépôt dans ce caveau.

Sur le territoire de la commune, à la limite Ouest, se trouve le cimetière parisien, dit de Pantin-Bobigny, pour l'agrandissement duquel 14 parcelles situées sur le territoire de Bobigny, au lieu dit le Trou Bonne Eau, ont été expropriées suivant jugement du

11 décembre 1884. Ces parcelles représentaient une surface totale de
34 h. 56 a. 41 c. Elles appartenaient à quatorze propriétaires diffé-
rents parmi lesquels il convient de citer notamment la Cie pari-
sienne du Gaz qui a été expropriée pour une superficie de
13 h. 40 a. et la commune de Bobigny qui a cédé 22 a. 80 c. dépendant du sol d'un chemin dit « le Chemin Pouilleux ». La commune a reçu pour cette cession une indemnité de 10.000 francs.

Tombes militaires. — Les corps de douze soldats français
morts sur le territoire de la commune pendant l'invasion sont
réunis dans un seul caveau, au cimetière.

La tombe, qui comprend 2 mètres superficiels, est entretenue par
les soins de la commune.

Hospice. — Néant.

Hôpital. — Néant.

Morgue. — Néant.

Crèche. — Néant.

Dispensaire. — *Fourneau économique.* — Néant.

Théâtre. — Néant.

Abattoir. — Pas d'abattoir public, mais une tuerie, autorisée
par arrêté du Préfet de police du 3 novembre 1893.

Fourrière. — Néant.

Terrains communaux. — La commune possède au lieu dit
« le Champ Fameleux » un terrain de 52 a. 54 c. pour lequel elle a
payé 6 fr. 70 de contributions en 1898 et dont elle ne tire aucun
revenu.

En outre de la cession dont il vient d'être parlé, cession con-
sentie à la ville de Paris par la commune pour l'agrandissement du
cimetière parisien de Pantin-Bobigny, la commune a été expropriée
en 1888 par la Cie des Chemins de fer de l'Est de deux parcelles : pour
l'une d'elles, d'une superficie de 59 a. 18 c., il lui a été alloué par
un jugement d'expropriation du 14 janvier 1888 une indemnité de
35.000 francs. Le même jugement lui allouait pour une autre par-
celle d'une contenance de 4 a. 77 c., sise au lieu dit « le Pré Souverain », une somme de 789 francs.

Bureau de poste. — L'immeuble affecté au bureau de poste est
situé à l'angle de la rue de la République et de la place Carnot. Il

occupe une surface de 115 mètres. Il a été construit en 1893 et a coûté 18.497 fr. 75.

Il appartient à la commune.

Abreuvoir. — Un abreuvoir, situé rue du Chemin-de-Fer, a été installé en 1888-1889 et a coûté 6.096 fr. 25.

Il appartient à la commune. Par délibération du 26 mars 1889, il a été décidé qu'une somme de 15 francs serait payée à un particulier pour remplir l'abreuvoir chaque fois que besoin serait.

Fort. — Néant.

§ II. — DÉMOGRAPHIE

A. — POPULATION

Les dénombrements faits depuis 1801 ont donné les résultats suivants :

1801	244 [1]
1817	236
1831	316
1836	333
1841	351
1846	353
1851	370
1856	363
1861	561
1866	910
1872	889
1876	972
1881	1.173
1886	1.335
1891	1.540
1896	1.678

Le chiffre de la population est donc aujourd'hui près de sept fois plus élevé qu'il n'était au commencement du siècle.

1. Un siècle auparavant, en 1709, lors du dénombrement des paroisses de la Généralité de Paris, la population de Bobigny ne comprenait que 31 feux. *(Appendice* (p. 424) *au Mémoire de la Généralité de Paris pour l'instruction du duc de Bourgogne,* publié dans la Collection de documents inédits de l'Histoire de France, par M. de Boislisle.)

Le dernier recensement a donné, pour la population *résidente :* 1.678 habitants.

        Résidents présents. . . . . 1.646 ⎫
        Résidents absents. . . . .   7 ⎬ 1.678 habitants
        Population comptée à part. . . . .   25 ⎭

La population, *recensée comme présente*, le 29 mars 1896, se décompose comme suit :

	ENFANTS ou célibataires	MARIÉS	VEUFS	DIVORCÉS	TOTAL
Hommes...............	478	358	17	2	855
Femmes.........	382	352	82	1	817
	860	710	99	3	1.672

La population de Bobigny, au point de vue du lieu d'origine, se classe de la manière suivante :

38/55es d'habitants venus de divers points de la France ;
16/55es d'habitants nés à Bobigny ;
1/55e d'Alsaciens et d'étrangers.

Le classement de la population par nationalité donne le tableau ci-joint :

		HOMMES	FEMMES	TOTAL
Français {	Nés de parents français.............	828	796	1.624
	Naturalisés	8	10	18
Étrangers {	Belges...........................	8	6	14
	Luxembourgeois...., ...	1	2	3
	Italiens....., ...	5	3	8
	Suisses...........................	5	»	5
		855	817	1.672

Les départements de France qui fournissent à Bobigny le plus fort contingent sont :

```
Seine (non compris Bobigny) . . . . . . . . . .   848 habitants
Nièvre. . . . . . . . . . . . . . . . . . . . . .   169    —
Yonne. . . . . . . . . . . . . . . . . . . . . .    129    –
Seine-et-Marne . . . . . . . . . . . . . . . . .     56    —
Seine-et-Oise. . . . . . . . . . . . . . . . . .     43    —
Aisne. . . . . . . . . . . . . . . . . . . . . .     40    —
Haute-Saône . . . . . . . . . . . . . . . . . .      35    —
Sarthe . . . . . . . . . . . . . . . . . . . . .     25    —
```

En résumé, la population de Bobigny est classée d'après le lieu de naissance comme suit :

```
Français. . . .   1.642   dont . . . . .   496 nés dans la commune.
Étrangers . . .      30   dont . . . . .     8         —
```

Soit un total de   1.672 habitants, dont 504 nés dans la commune.

Au cours de 1898, l'état civil a enregistré :

```
62 naissances;
23 décès;
18 mariages;
» divorces.
```

B. — HABITATIONS

Nombre de maisons : 255.

```
Habitations composées d'un rez-de-chaussée. . . . . .    35
      —              d'un étage . . . . . . . . . . .   197
      —              de deux étages. . . . . . . . .     22
      —              de trois étages. . . . . . . . .     1
                                    Total . . . . . .   255
      dont . . . . . . . . . . . . . .   248 occupées
      et. . . . . . . . . . . . . . . .    7 vacantes.
Nombre de logements : 468, occupés par . . .    56 isolés.
                                  et . . . .   380 familles.
            16 ateliers, magasins ou boutiques.
```

C. — DIVERS.

Électeurs inscrits en 1898. — 454.

Recrutement. — 13 conscrits ont tiré au sort en 1899.

Chevaux. — 188 chevaux, appartenant à 166 propriétaires :

```
Chevaux entiers . . . 95 dont 1 au-dessous de 6 ans et 94 au-dessus
Chevaux hongres. . . 57  —  »        —              57      —
Juments . . . . . . . 36  —  1        —              35      —
   Totaux . . . . 188 dont 2 au-dessous de 6 ans et 186 au-dessus.
```

Voitures. — 176 voitures, appartenant à 106 propriétaires.

160 à 2 roues, attelées de 1 cheval.
7 à 2 roues, attelées de 2 chevaux.
9 à 4 roues, attelées de 1 cheval.

Total. . . 176

§ III. — FINANCES

A. — CONTRIBUTIONS

Principal des contributions directes en 1899 :

Contribution foncière	8.932 »
— personnelle et mobilière	3.276 »
— des portes et fenêtres.	1.916 »
— des patentes.	2.319.20
Total.	16.443.20

Perception des contributions. — La commune dépend de la perception de Pantin.

Le percepteur de cette circonscription se tient à la disposition des contribuables le 2ᵉ lundi de chaque mois, à la mairie, de 11 heures à 3 heures.

B. — OCTROI

Il n'y a pas d'octroi dans la commune.

C. — FINANCES COMMUNALES

Recettes ordinaires d'après le compte de 1897 .	28.791,82
— extraordinaires — —	22.959,93
Total.	51.751,75 [1]
Dépenses ordinaires d'après le compte de 1897 .	26.168,20 [2]
— extraordinaires — —	20.125,30 [2]
Total.	46.293,50 [3]

1. Ces recettes constituent les ressources normales de la commune.
2. Non compris les restes à payer devant figurer au compte administratif de l'année suivante.
3. Ce total représente les dépenses normales de la commune.

Les dépenses ordinaires se répartissent ainsi qu'il suit entre les principaux services :

<pre>
1º Administration et police. 7.458,36
2º Voirie. . . . . . . · 8.498,01
3º Bienfaisance . . . .   716 »
4º Enseignement 3.975,75
5º Dépenses diverses. 5.520,08
</pre>

Emprunts. — La commune a contracté, avec la Caisse des dépôts et consignations, un emprunt de 51.515 fr. 80 destiné :

<pre>
1º Au remboursement au Crédit foncier d'un emprunt contracté
avec cet établissement en 1885, soit . . . .   37.745 »
   2º Au payement du solde d'entretien des
bâtiments communaux. 2.456,06
   3º A la construction d'un bureau de poste
et télégraphe. 8.926,24
   4º A l'aménagement d'une nouvelle classe
à l'école de garçons. 2.388,50
                                               ─────────
              Total égal. 51.515,80
</pre>

Cet emprunt a été autorisé par arrêté préfectoral du 23 mai 1893. Il est remboursable en 30 ans du 1ᵉʳ janvier 1894 au 31 décembre 1923. L'amortissement est obtenu au moyen d'une imposition extraordinaire de 20 centimes.

Secours. — Voici l'énumération des secours que la commune a reçus depuis 1890, avec indication de leur objet :

Année 1893. — Construction d'un bureau de poste et aménagement de l'école de garçons : 9.525 fr. 58.

Année 1894. — Construction d'un urinoir public : 1.200 francs.

Année 1895. — Construction d'un bureau de poste et d'un urinoir (secours supplémentaire) : 4.000 francs.

Transformation du chemin de la Justice et travaux de viabilité : 24.450 francs.

Année 1896. — Habillement et équipement nécessaire aux pompiers : 900 francs.

Année 1897. — Travaux divers : 11.000 francs.

Valeur du centime en 1899. — 164 fr. 43.

Nombre de centimes. — 96 cent. 7 dont 20 extraordinaires, non compris les 3 centimes pour frais de perception des impositions communales.

Charges par habitant. — 16 fr. 63.

Receveur municipal. — Le percepteur des contributions de Pantin remplit les fonctions de receveur municipal de Bobigny et reçoit, à cet effet, un traitement annuel de 1.287 francs.

II. — SERVICES PUBLICS

§ I.— BIENFAISANCE

Bureau de bienfaisance. — Les indigents secourus par cet éta-blissement se divisent en indigents secourus à titre temporaire et indigents inscrits et annuellement secourus.

Pour l'année 1897 les premiers ont été au nombre de 35 environ ; les seconds au nombre de 20 dont :

4 paralytiques ;
2 infirmes ;
6 vieillards ;
8 chefs de famille surchargés d'enfants en bas âge.

Les secours, sauf quelque argent distribué à quelques vieillards, consistent en pain, viande, chauffage et médicaments.

La quantité de pain distribuée par semaine et par famille est de 4 kilos et 2 kilos pour les isolés.

La quantité de viande varie dans les mêmes conditions de 1 kilo et 3 kilos par semaine.

Plusieurs vieillards ont été placés à l'asile Sainte-Marthe moyen-nant un unique versement de 100 francs.

Tous les malades indigents sont admis à l'assistance médicale qui est assurée par un médecin de Noisy-le-Sec.

Une sage-femme de Noisy-le-Sec est appelée pour les accou-chements. Elle est payée sur mémoire.

Enfin, les médicaments sont fournis par un pharmacien de Noisy qui consent au Bureau de bienfaisance un rabais de 33 %.

Parmi les dépenses figurant au compte de 1897, les principales sont les suivantes :

Traitement du médecin.	30 »
Traitement du receveur-trésorier	36 »
Traitement de l'employé chargé du service	60 »
Frais de bureau et timbres de comptabilité.	15 »

Distribution aux indigents :

Achat de viande.	148,40
Achat de pain.	69,45
Achat de combustibles	69,80
Secours en argent.	19,80
Dépenses imprévues	4,80
Total.	453,25
Dépenses extraordinaires.	45 »
Total.	498,25

Les recettes proviennent des ressources ci-après :

Legs Godard-Desmarest	5 »
Intérêts de fonds placés au Trésor.	2,17
Produit des concessions dans le cimetière	370 »
Produit du Droit des pauvres.	303,30
Subvention de la commune.	100 »
Dons, souscriptions, quêtes à domicile	44,70
Levée des troncs de mairie et autres	73,40
Excédent de recettes de l'exercice précédent.	430,95
Subvention départementale pour la fête nationale.	45 »
Total.	1.374,52
Dépenses	498,25
Excédent de recettes	876,27

Le receveur municipal remplit les fonctions de trésorier du Bureau de bienfaisance.

Hospice. — Néant.

Hôpital. — Néant.

Traitement des malades dans les hôpitaux de Paris. — Les malades de la commune envoyés dans les hôpitaux de Paris y sont admis et traités aux conditions fixées par la délibération du Conseil général du 3 avril 1890.

Aux termes de cette délibération, les communes qui veulent bénéficier des dispositions qu'elle contient payent à l'Assistance publique un abonnement pour les soins donnés à leurs malades dans les hôpitaux de Paris. Cet abonnement est calculé à raison de 1 franc par jour et par malade et basé sur le nombre moyen des journées de traitement des trois années précédentes. Ces conditions ont été acceptées par délibération du Conseil municipal de Bobigny du 16 août 1890.

La somme payée par la commune en 1898 a été de 364 francs.

Assistance à domicile. — Le Conseil général, par délibérations des 18 décembre 1895 et 26 avril 1896, a décidé : 1° qu'une allocation serait attribuée aux communes qui consacreraient des resources à l'assistance à domicile des vieillards indigents, infirmes et incurables ; 2° que le montant de cette allocation serait égale au tiers des dépenses faites, dans ce but, par la commune.

Pour les indigents valides, les conditions à remplir sont 65 ans d'âge et 10 ans de séjour dans Paris ou dans une commune du département ; elles ne sont pas applicables aux infirmes et aux vieillards.

Depuis cette époque, le Conseil municipal de Bobigny n'a pris aucune disposition à cet égard.

Aliénés. — 4 aliénés, ayant leur domicile de secours à Bobigny, ont été placés, en 1897, dans divers asiles départementaux. De ce chef, ont été effectuées les dépenses suivantes :

1 à Bégard	365 jours à . .	1 fr. 15. .	419,75
1 à Caen	365 — à . .	1 fr. 20. .	438 »
1 à Armentières	365 — à . .	1 fr. 25. .	456,25
1 à la Salpêtrière	365 — à . .	2 fr. 10. .	766,50
	Total		2.080,50
La somme de			766,50

ayant été payée par la famille de l'un de ces malades, il reste   1.314 »

La commune contribuant pour 25 % dans cette dépense, en vertu de la délibération du Conseil général du 27 décembre 1886, a dû payer :

$$\frac{25 \times 1.314}{100} = 328,50$$

Le surplus, soit 985 fr. 50, est à la charge du département.

Enfants assistés et enfants moralement abandonnés. — Les enfants maltraités ou moralement abandonnés sont assimilés, pour la dépense, depuis le 1er janvier 1890, aux enfants assistés, en vertu d'une délibération du Conseil général du 16 décembre 1889. Cette délibération a été prise dans le but de faire bénéficier le département des dispositions de l'article 25 de la loi du 24 juillet 1889. Aux termes de cet article, en effet, la subvention de l'État, dans les départements où le Conseil général se sera engagé à assimiler les enfants maltraités ou moralement abandonnés aux enfants assistés, doit être portée au cinquième des dépenses tant extérieures qu'intérieures des deux services. Dans ces conditions, les charges relatives à ces deux services se confondent, et les communes, pour qui cette dépense est obligatoire, n'ont à fournir qu'un seul contingent. La somme recouvrée de ce chef sur la commune de Bobigny, pour sa part des dépenses en 1897, a été de 580 fr. 50.

Protection des enfants du 1er *âge.* — En 1898, les déclarations faites par les parents, conformément à l'article 7 de la loi du 23 décembre 1874, se résument comme suit :

	AU SEIN	AU BIBERON	TOTAUX
Nombre d'enfants de Bobigny mis en nourrice dans le département de la Seine (hors Paris) ...	»	2	2
Nombre d'enfants mis en nourrice hors du département de la Seine ...	2	25	27
	2	27	29

Deux déclarations d'élevage ont été faites par les nourrices de la localité, en exécution de l'article 9 de la loi.

Crèche, Dispensaire, Fourneau économique. — La commune n'a aucun établissement de ce genre.

Secours aux familles des réservistes. — Uu crédit de 150 francs est inscrit au budget pour secours aux familles nécessiteuses des soldats de la réserve et de l'armée territoriale.

Propagation de la vaccine. — Le service de vaccination fonctionne quatre fois par an, en janvier, en avril, en juillet et en octobre, par les soins de l'Institut de vaccine animale, rue Ballu, n° 8, à Paris.

Le médecin du Bureau de bienfaisance reçoit une indemnité annuelle de 50 francs pour visites aux enfants vaccinés et pour délivrance de certificats.

En 1898, le nombre des vaccinations s'est élevé à 33 et celui des revaccinations à 56, soit au total 89 inoculations.

Caisse des écoles. — La Caisse des écoles de Bobigny a été fondée en 1882.

La Société se compose de membres sociétaires et de dames patronnesses. La cotisation annuelle des uns et des autres est de 2 francs.

Situation au 31 décembre 1897 :

Recettes	744 fr. 55
Dépenses.	741 fr. 10
Excédent de recettes.	3 fr. 45

Dans le total des recettes, les cotisations figurent pour 130 francs. Les dépenses se répartissent comme suit :

Fournitures classiques aux élèves indigents . .	338 fr. 50
Livrets de Caisse d'épargne	380 fr. »
Divers.	22 fr. 60

Bureau municipal de placement gratuit. — Néant.

Société de secours mutuels. — Néant.

§ II. — ENSEIGNEMENT

École de garçons. — L'école de garçons, située place Carnot, comprend deux classes primaires élémentaires, réunissant ensemble 102 enfants, dont 101 de 6 à 13 ans et 1 de plus de 13 ans au 31 janvier de l'année scolaire 1897-1898.

Le nombre des élèves présents à cette école le 4 décembre 1897 était de 87 et de 88 le 4 juin 1898.

Cette école est dirigée par un instituteur titulaire, assisté d'un instituteur stagiaire, chargé de classe.

École de filles. — L'école de filles, située rue de la République, est une école mixte dirigée par une institutrice titulaire, assistée d'une institutrice stagiaire.

L'école comprend deux classes primaires élémentaires fréquentées par 38 garçons et 40 filles ayant moins de 6 ans, 5 garçons et 64 filles ayant de 6 à 13 ans et une fille âgée de plus de 13 ans au 1er janvier de l'année scolaire 1897-1898.

Le nombre des élèves présents à l'école le 4 décembre 1897 était de 123 et de 145 le 4 juin 1898.

Enseignement du chant, du dessin, de la gymnastique. — Le chant et le dessin font partie de l'enseignement donné dans l'une et l'autre école.

L'enseignement donné aux garçons comprend en outre la gymnastique ; une somme de 100 francs est inscrite au budget dans ce but.

Admission dans les écoles primaires supérieures et professionnelles de la Ville de Paris. — 2 élèves des écoles de Bobigny ont subi, en 1898, avec succès, les épreuves en vue de l'admission dans les écoles primaires supérieures et professionnelles de la Ville de Paris.

Ces élèves n'ont, d'ailleurs, pas usé de ce droit.

Dons et legs faits aux écoles. — Néant.

Bibliothèque scolaire. — Chaque école est dotée d'une bibliothèque.

Celle des garçons est composée de 270 volumes : celle des filles de 169 volumes.

Association philotechnique. — Néant.

§ III. — VOIRIE

La longueur des voies de communication qui sillonnent le territoire de la commune est de :

1 route nationale.	2.862 m.	»
1 route départementale.	2.188 m.	»
3 chemins de grande communication	6.382 m.	»
6 chemins vicinaux ordinaires	4.965 m.	»
Chemins ruraux. . { 1 reconnu	1.500 m.	»
{ 8 non reconnus	11.960 m.	»
Voirie urbaine	1.568 m.	»
Total	31.425 m.	»

Route nationale. — La route nationale *n° 3, de Paris à Metz,* a sur le territoire de la commune un parcours de 2.862 mètres.

Sur cette étendue la chaussée est mixte : elle se compose d'une bande centrale pavée de 6 m. 50 de largeur, de deux bandes latérales empierrées de 4 m. 40 de largeur chacune et de deux caniveaux pavés de 0 m. 35.

Un projet de réfection de cette chaussée a été dressé. Il comporte la suppression des bandes empierrées avec réduction à 7 m. 50 de la largeur de la chaussée.

Cette opération, qui entraînera une dépense évaluée à 280.000 francs, a été approuvée par décision ministérielle du 24 août 1895, mais il n'a pas encore été ouvert de crédit pour son exécution.

Route départementale. — La route départementale *n° 15, de Paris (porte de Pantin) à Meaux*, traverse la commune de Bobigny sur une longueur de 2.188 mètres. Sur ce parcours, cette voie a une largeur totale de 21 m. 50 ; la chaussée pavée a 7 mètres ; les trottoirs ont chacun 7 m. 25. Ils sont plantés d'acacias, de frênes et d'ormes.

Chemins vicinaux de grande communication. — Le chemin vicinal de grande communication *n° 10, de Rueil à Bondy,* part de la limite du département sur le territoire de Rueil, pour aboutir à Bondy.

Il traverse les communes de Nanterre, de Colombes, de Gennevilliers, de Saint-Denis, de la Courneuve, de Drancy, de Bobigny, de Noisy-le-Sec et de Bondy.

Sur le territoire de Bobigny, ce chemin a une longueur de 5.550 mètres, sur lesquels 807 mètres sont limitrophes avec Drancy. Il a sur ce parcours une largeur de 12 mètres, comprenant une chaussée de 6 mètres construite en vieux pavés de gros échantillon, qui donnent une surface de roulage dure et cahotante.

Des plantations existent sur tout le parcours.

Le Conseil général a été saisi, au cours de la dernière session de 1898, d'un projet de prolongement de ce chemin jusqu'au Raincy par le classement dans la grande vicinalité des chemins vicinaux ordinaires n° 1 de Bondy et n° 4 de Villemomble.

Le chemin *n° 30, de Stains à Bonneuil-sur-Marne*, dessert les communes énumérées ci-dessous : Stains, Dugny, le Bourget, Drancy, Bobigny, Bondy, Noisy-le-Sec, Rosny-sous-Bois, Fontenay-sous-Bois, le Perreux, Bry-sur-Marne, Champigny-sur-Marne, Saint-Maur-des-Fossés et Bonneuil-sur-Marne.

Sa longueur totale est de 26.027 mètres ; sa longueur sur le territoire de Bobigny est de 1.009 mètres.

Sur ce parcours. il a une largeur normale de 15 mètres comprenant une chaussée empierrée en parfait état de 6 mètres de largeur, y compris caniveaux et trottoirs plantés d'arbres d'essences diverses.

Le chemin *n° 40*, *de Drancy à Choisy-le-Roi*, traverse les communes de Bobigny, Noisy-le-Sec et Romainville ; il dessert en outre les territoires de Montreuil, Fontenay-sous-Bois, Nogent-sur-Marne, Joinville-le-Pont, Saint-Maur-des-Fossés et Créteil.

Sa longueur sur le territoire de Bobigny est de 1.629 mètres.

La chaussée a sur ce parcours une largeur uniforme de 6 mètres. Dans la traversée de la commune, les trottoirs, en raison de leur peu de largeur, ne sont pas plantés.

La chaussée est empierrée, sauf dans la traverse de Bobigny et à la traversée du hameau de la Folie.

Le pont qui franchit le canal de l'Ourcq n'a que 7 m . 33 de largeur totale. Il est construit en charpente. Un projet de réfection de cet ouvrage, qui est entretenu par le service des canaux de la Ville de Paris, est en préparation.

Ce projet comporte une dépense de 10.000 francs qui sera entièrement à la charge du département.

Chemins vicinaux ordinaires.

NUMÉROS	DÉSIGNATION DES CHEMINS	LONGUEUR	ORIGINE	FIN	LARGEUR moyenne		CHAUSSÉE	
					TOTALE	CHAUSSÉE	NATURE	ÉTAT
		mètres			mèt.	mèt.		
1	DE LA FOLIE....	933	Place publique.	Route nationale n° 3.	10	5,50	Pavée.	mauvais.
2	DE DRANCY A BOBIGNY........	750	Limite de Drancy.	Chemin de Bondy.	10	5 »	Empierrée.	bon
3	DE BONDY A BOBIGNY........	1.250	Place publique.	Chemin de grande communicat. n° 10.	10	5,50	Pavée,	médiocre.
4	D'AUBERVILLIERS A BOBIGNY....	2.035	id.	Limite de Pantin.	12	5,50	id.	bon
5	DE PANTIN......	857	Chemin de grande communicat. n° 40.	P.N. du chemin de fer de Grande Ceinture.	10	5,50	id.	bon
6	DE LA GARE.....	450	Chemin vicinal ordinaire n° 4.	Gare de Bobigny (Grande Ceinture).	10	5 »	Empierrée.	bon
	TOTAL....	6.275						

La longueur totale à entretenir par la commune de Bobigny, non compris deux parties de lacune : chemin n° 2, 460 mètres ; chemin n° 4, 850 mètres, est de 4.965 mètres.

Entretien.—Les dépenses relatives à l'entretien se sont élevées, en 1897, à 4.529 fr. 43. (Le département a alloué une subvention de 850 francs pour l'entretien, et une autre de 12.532 francs pour l'achèvement du chemin vicinal ordinaire n° 3.)

Travaux neufs sur chemins vicinaux ordinaires
- Travaux faits dans l'année et dépenses correspondantes : Achèvement de la mise en viabilité du chemin vicinal ordinaire n° 3. Dépenses faites : 15.225 fr. 30.
- Projets en préparation. : Néant.

Chemins ruraux. — Ces chemins sont au nombre de huit. Leur étendue est de 11 k. 960. Ils sont à l'état de sol naturel, sauf un, le chemin des Coquetiers, qui est en état de viabilité sur un parcours de 220 mètres environ.

Le chemin des Coquetiers part de la rue de la Folie (chemin vicinal n° 1), non loin du chemin de Bondy à Bobigny, et aboutit en ligne droite au canal de l'Ourcq.

Voirie urbaine. — Les rues de la commune sont au nombre de cinq, formant une longueur totale de 1 k. 568 mètres. Elles sont pavées, sauf une, la rue du Chemin-Vert, qui a une longueur de 325 mètres et qui est à l'état de sol naturel.

Voirie urbaine.
- Travaux faits dans l'année. : Néant.
- Projets en préparation : Néant.

Prestations. — En raison de l'insuffisance des ressources ordinaires de la commune applicables à l'entretien des chemins vicinaux, le Conseil municipal vote, chaque année, 3 journées de prestations dont la valeur en argent est appréciée par le Conseil d'arrondissement et par le Conseil général.

Le rôle de l'année 1899 comprend 358 articles imposés se décomposant comme suit :

1.581 journées d'hommes à 2 francs	3.162 fr. »
564 journées de chevaux à 2 fr. 25.	1.269 fr. »
528 journées de voitures à 2 fr. 25	1.188 fr. »

En 1898, le montant des prestations faites en nature s'est élevé à 495 fr. 95.

Entretien des rues et des chemins vicinaux. — Cet entretien est assuré par un entrepreneur avec lequel un bail a été passé le 6 mars 1897 pour une durée de 6 ans à compter du 1ᵉʳ janvier de la même année.

Le prix annuel du bail est fixé à 2.700 francs.

Balayage et enlèvement des boues. — Chaque propriétaire doit effectuer le balayage au droit de sa propriété et assurer l'enlèvement des boues.

Droits de voirie. — La commune perçoit des droits de voirie d'après un tarif qui a été revisé en 1891 et qui est reproduit ci-après aux Annexes.

Ces droits ont produit en 1898 : 668 fr. 93.

Canal. — Le canal de l'Ourcq traverse la partie Sud de la commune sur une longueur d'un peu plus de 3 kilomètres, de l'Ouest à l'Est, parallèlement à la route nationale nº 3.

Ce canal a un parcours total de 96.723 mètres, de la cote 60 m. 75 à la cote 52 mètres ; sur le département de la Seine son parcours est de 11.300 mètres

La largeur du chemin de halage, ainsi que celle du contre-halage, est en moyenne de 3 mètres.

Le chemin de halage a une chaussée empierrée de 2 mètres de largeur ; le chemin de contre-halage n'est praticable que dans l'intérieur de Paris.

Les deux rives du canal sont bordées de plantations sur toute leur longueur.

Le tirant d'eau normal est de 1 m. 40.

La plupart des bateaux descendent au fil de l'eau.

La remonte se fait au moyen de chevaux.

Les bateaux sont assujettis à un type uniforme, dit flûtes d'Ourcq, de 3 mètres de largeur maximum sur 28 mètres de longueur (règlement du 1ᵉʳ novembre 1840).

Toutefois, quelques constructeurs ont établi un certain nombre de bateaux dont la largeur est de 3 m. 10. Ces bateaux, qui franchissent facilement les écluses, sont tolérés. Les transports n'existent à peu près qu'à la descente ; ils se composent principalement de bois venant de Villers-Cotterets, de matériaux de construction de la vallée de l'Ourcq et de plâtre.

La charge moyenne de chaque bateau est de 40 à 50 tonnes, chiffre maximum.

Le canal appartient à la ville de Paris qui l'a racheté en 1876.

Ponts. — Trois ponts sont établis sur le canal de l'Ourcq dans son parcours sur le territoire de la commune.

Ces ouvrages sont les suivants, en allant de l'Ouest à l'Est :

1° Le pont dit de Romainville, situé aux « Limites », qui prolonge un chemin d'exploitation jusqu'au point où la route départementale n° 16 coupe la route nationale n° 3.

Cet ouvrage est établi en fer droit ; il a une ouverture de 5 m. 20 ; le tablier est en bois.

2° Le pont de la Folie, sur le chemin de grande communication n° 40 ; il est établi en fer droit ; il a une ouverture de 7 m. 33 ; le tablier, qui est formé de madriers de chêne recouverts sur la chaussée de madriers d'orme, va être remplacé, ainsi qu'il est dit plus haut, par un tablier métallique.

3° Le pont de Bondy. Il est en fer droit et a 6 m. 10 d'ouverture sur le chemin de grande communication n° 30.

Il existe, en outre, sur le canal de l'Ourcq, dans son parcours sur le territoire de Bobigny, deux ponts de chemin de fer, l'un pour les chemins de fer de l'Est, l'autre pour le chemin de fer de ceinture.

Ru. — Il a été fait mention, à l'article « Hydrographie », du ru qui coule sur le territoire de Bobigny.

Aux termes d'un arrêté préfectoral en date du 24 septembre 1886, le curage de la rigole de fuite du canal de l'Ourcq, qui fait du ru de Montfort le déversoir de ce canal, a été mis à la charge des propriétaires riverains.

Port. — Il existe un petit port près du pont de la Folie, par lequel arrivent dans la commune la plus grande partie des matériaux employés pour les constructions.

Par une délibération récente (12 février 1899), le Conseil municipal de Bobigny a émis un vœu aux termes duquel il demande que l'on profite de la transformation du tablier du pont de la Folie (transformation dont il est parlé plus haut) pour élargir le canal de l'Ourcq sur ce point. Cet élargissement est demandé en vue du développement du port et de l'établissement d'un chemin de halage sur chacune des rives du canal.

Égouts. — Il n'y a pas d'égout dans la commune.

Un projet d'égout départemental est actuellement soumis au Conseil municipal, pour qu'il fasse connaître si la commune participera à la dépense. Ce projet a pour point de départ la suppression du déversement des égouts de Noisy-le-Sec dans le ru de Montfort. Il comporte la construction d'un égout partant de Noisy à la sortie de la gare du chemin de fer, traversant la route nationale n° 3, passant sous le canal de l'Ourcq pour rejoindre ensuite le chemin des Coquetiers. Il suivrait ce chemin jusqu'à la rue de la Folie, cette rue, puis celle de la République, et aboutirait en aval de Bobigny dans le ru de Montfort, près du chemin de fer de Grande Ceinture.

La dépense est évaluée à 150.000 francs.

La commune de Noisy-le-Sec s'est engagée à contribuer pour une somme de 5.000 francs.

Distance de Paris. — La distance de Paris (parvis Notre-Dame) à Bobigny est de 10 kilomètres en suivant la route nationale n° 3.

Distance du chef-lieu de canton. — Bobigny est à 2 kil. 400 de Noisy-le-Sec.

Distance des autres communes du canton. — Bondy est à 3 kil. 100 mètres.

Rosny-sous-Bois est à 5 kil. 400 mètres.

Romainville est à 3 kil. 100 mètres.

Drancy est à 2 kil. 900 mètres.

Le Bourget est à 5 kil. 500 mètres.

Villemomble est à 6 kil. 600 mètres.

Moyens de transport. — Depuis le 2 janvier 1882, le chemin de fer de Grande Ceinture a une halte à Bobigny. Elle est située non loin du point où la ligne de Grande Ceinture coupe la route départementale n° 15. La superficie occupée par la Compagnie sur le territoire de la commune, tant pour son domaine privé que pour la voie, est de 6 h. 81 a. 68 c. Ce moyen de locomotion est d'ailleurs fort peu employé, soit à raison de l'emplacement de la halte qui est loin d'être central, soit à cause du petit nombre de trains circulant sur cette ligne et de la nécessité où se trouvent les voyageurs pour Paris, de beaucoup les plus nombreux, de changer de train à Noisy.

Cinq trains par jour, allant dans la direction de Noisy, s'arrêtent à la halte de Bobigny.

Quatre trains par jour venant de Noisy et se dirigeant sur le Bourget prennent des voyageurs à Bobigny.

Une voiture privée partant des Halles centrales, à Paris, en hiver à 8 heures du matin, en été à 7 heures, ramène à Bobigny les maraîchers qui sont allés vendre leurs denrées. Prix : o fr. 6o.

Une gare de marchandises, dite gare de triage, a été établie depuis 1890 par la Compagnie des chemins de fer de l'Est. Cette gare et ses dépendances occupent une superficie de 19 h. 49 a. 63 c. C'est sur les voies de cette gare que sont triés (de là son nom) les wagons de marchandises qui doivent être dirigés sur des lignes étrangères au réseau de l'Est. Le nombre des voies de cette gare s'accroit sans cesse depuis son installation.

Omnibus. — Une ligne de tramway à traction mécanique desservant Bobigny est comprise dans le projet de réseau complémentaire actuellement en préparation. Cette ligne formerait un embranchement de la ligne Raincy-Opéra par Bondy ; elle partirait de Pantin pour aboutir au carrefour des six routes, à l'extrémité Nord de Bobigny.

Eaux. — La commune est alimentée en eau au moyen de puits et de pompes actionnées, soit par un cheval, soit par un moteur à gaz ; aussi, chaque habitation est-elle pourvue d'un réservoir placé extérieurement ; la couleur, la forme et les dimensions presque uniformes de ces récipients donnent à l'agglomération un aspect qui ne manque pas de pittoresque.

Éclairage. — La commune est éclairée au gaz ; elle a, dans ce but, à la suite d'une délibération du Conseil municipal du 13 juin 1896, traité avec la Compagnie du gaz de Noisy-le-Sec pour une durée de 5o ans. L'acte est du 8 octobre 1896 ; il a été approuvé le 3 novembre suivant.

La commune paye les prix ci-dessous : o fr. o4 par heure et par bec de 140 litres à l'heure, pour la fourniture du gaz, plus o fr. o3 par jour d'éclairage pour l'entretien et l'allumage des appareils. Ceux-ci sont au nombre de 37.

On n'allume, de 5 heures du soir à minuit, que pendant les mois d'hiver, c'est-à-dire du 1er octobre au 1er avril. Les dimanches et fêtes, cependant, l'éclairage est assuré pendant toute l'année.

Les établissements communaux, ainsi que les particuliers, payent le gaz au compteur à raison de o fr. 3o le mètre cube. Le traité stipulait que les particuliers payeraient le gaz à raison de o fr. 35 le mètre cube et que ce prix serait réduit à o fr. 3o lorsque la consommation atteindrait le chiffre de 15o.ooo mètres cubes. La Compagnie, sans attendre que la consommation eût atteint le chiffre fixé, a fait bénéficier, en décembre dernier, les habitants de la commune de la réduction prévue.

De la part des particuliers il n'est pas accepté d'abonnement de moins d'un an.

§ IV. — JUSTICE ET POLICE

Justice de paix. — La commune de Bobigny dépend de la justice de paix de Pantin.

Les audiences de conciliation ont lieu le mardi, et les audiences publiques le vendredi, de 1 heure à 6 heures.

Officiers ministériels. — Il n'y a pas d'officier ministériel dans la commune.

Commissariat de police. — Bobigny relève du commissariat de police de Pantin, qui a, en outre, la surveillance de Bondy, Drancy et le Pré-Saint-Gervais.

Gendarmerie. — La commune est surveillée par la 1re brigade de gendarmerie de Noisy-le-Sec. Cette brigade est à pied. Elle se compose d'un maréchal des logis et de 4 gendarmes. Elle est casernée dans un immeuble appartenant au département et situé à Noisy, boulevard de la République.

Garde champêtre. — Il n'y a dans la commune qu'un garde champêtre.

Messiers. — Néant.

§ V. — CULTES

Paroisse. — La paroisse de Bobigny constitue une succursale dont le desservant reçoit un traitement annuel de 1.ooo francs.

Budget de la fabrique. — Voici, d'après le compte de 1897, le détail des recettes et des dépenses de la fabrique :

Recettes

Produit total de la location des chaises.	265 fr.	70
Produit des quêtes faites pour les frais du culte .	172 fr.	40
Produit des oblations volontaires faites à la fabrique	60 fr.	»
Part revenant à la fabrique dans les droits perçus sur les services religieux } Mariages	74 fr.	25
} Convois	448 fr.	»
Total des Recettes. . . .	1.020 fr.	35

Dépenses

Diverses (vin de messe, cire, huile, etc.).	336 fr.	30
Achats et réparations d'ornements	60 fr.	»
Maîtrise	540 fr.	»
Logement du desservant et supplément de traitement. . . . .°.	80 fr.	»
Imprimés, registres, timbres-poste	25 fr.	»
Dixième du produit net de la location des chaises pour la caisse de secours des prêtres âgés et infirmes	26 fr.	85
Total des Dépenses . . .	1.054 fr.	15

Fondations. — Néant.

Congrégations. — Les sœurs de Notre-Dame des Sept Douleurs dirigent un hospice privé, appelé « asile Sainte-Marthe de Bobigny ».

§ VI. — SERVICES DIVERS

Poste et télégraphe. — Le bureau de poste et télégraphe est situé place Carnot, n° 2, dans un immeuble appartenant à la commune. Il a été ouvert au public le 16 décembre 1893.

C'est en juin de l'année suivante qu'a été installé le service télégraphique.

Le bureau de poste est ouvert de 7 heures du matin à midi et de 2 heures à 7 heures du soir.

Le service est assuré par une receveuse et deux facteurs.

En outre de la boîte aux lettres du bureau de poste, des boîtes supplémentaires se trouvent : rue de la République, 24, rue Valentine, route de Saint-Denis et à la Folie.

Enfin, une autre boîte est placée au Petit-Bobigny, appelé aussi « les Limites ». Cette dernière est desservie par le bureau de poste de Pantin.

Caisse d'épargne postale. — En 1898, le nombre des livrets de Caisse d'épargne délivrés par le bureau de poste de Bobigny s'est élevé à 65, représentant une somme de 7.274 francs. Les versements effectués sur des livrets pris antérieurement ont été de 3.129, représentant une somme de 32.320 fr. 98. Enfin 88 remboursements ont été faits pour une somme de 20.608 fr. 87.

Sapeurs-pompiers. — La compagnie de sapeurs-pompiers de Bobigny comprend 1 sous-lieutenant, 1 sergent, 2 caporaux, 2 clairons et 9 hommes.

Les pompiers sont exonérés des prestations ; une somme de 100 francs figure au budget pour la solde des tambours et clairons.

En 1899, les sommes ci-après sont inscrites au budget pour ce service :

Corps de garde : loyer, entretien, chauffage, etc.. . . .	20	»
Achat et entretien du mobilier.	20	»
Solde des tambours et clairons.	100	»
Assurance ou secours et pensions en faveur des sapeurs-pompiers blessés, de leurs veuves ou de leurs enfants	100	»
Habillement et équipement	100	»
Frais de registres, livrets, papiers, etc.	20	»
Frais de déplacements, indemnités ou gratifications .	125	»
Rachat de la prestation individuelle des pompiers. .	90	»
Remise des pompes : loyer, entretien.	20	»
Entretien des pompes et accessoires.	200	»
Abonnement au *Moniteur des sapeurs-pompiers* . . .	5	»

Le matériel de secours se compose de 2 pompes à bras, dont l'une est aspirante et foulante et l'autre aspirante.

La remise de ces appareils se trouve rue de la République, près du bureau de poste ; elle occupe une superficie de 47 mètres et appartient à la commune.

Marché. — Néant.

Pompes funèbres. — La commune et la fabrique sont en pourparlers avec l'entreprise des pompes funèbres générales (service de la banlieue des environs de Paris et des départements) dont le siège est à Paris, boulevard Richard-Lenoir, n° 66, pour la signature d'un contrat dont voici les clauses principales : la fabrique concède, sous forme de bail, à ladite entreprise, pour une durée de trois années, qui se continueront par tacite reconduction et par périodes triennales jusqu'à dénonciation par l'une des parties, le privilège qu'elle tient des décrets des 23 prairial an XII et 18 mai 1806.

L'entreprise s'engage à fournir aux familles des décédés, sans distinction de culte ni de croyance, tous les objets nécessaires au transport, à l'inhumation des corps et à la pompe des funérailles, à l'exception de certains articles énumérés au contrat dont la fabrique se réserve la fourniture.

Le concessionnaire sera représenté dans la commune par un de ses agents qui devra être agréé par la fabrique. Cet agent qui aura son domicile à Bobigny sera chargé du règlement des convois.

L'inhumation des indigents aura lieu gratuitement. Elle comprendra le service ordinaire ou dernière classe et la fourniture de la bière. Les dépenses auxquelles donneront lieu ce service et cette fourniture se décomposent comme suit :

1° Salaire des porteurs (chacun et par convoi). . . . 4 fr. »
2° Fourniture du corbillard. . . . . 10 fr. »
    —   d'un brancard pour les enfants au-dessous de 7 ans . . . . 1 fr. 50
3° Fosse pour adultes . . . . 5 fr. »
    —   enfants . . . . 3 fr. »

La somme due pour le corbillard doit être payée au concessionnaire qui en a la fourniture ; celle, due pour la fosse, à la commune qui la fait creuser.

Ces frais sont couverts au moyen d'une taxe, perçue par le préposé de l'entreprise et acquittée par les familles.

Le chiffre de cette taxe est fixé d'après le tarif suivant qui est annexé au contrat :

ADULTES

1re classe. . . . . 30 fr. »
2°   — . . . . 30 fr. »
3°   — . . . . 30 fr. »
4°   — . . . . 25 fr. »
5°   — . . . . 20 fr. »
6°   — . . . . 15 fr. »
7°   — . . . . 10 fr. »
Service ordinaire ou 8° et dernière classe. . . . . . 1 fr. »

ENFANTS

1re classe	10 fr.	»
2e —	7 fr.	»
3e —	5 fr.	»
4e —	2 fr.	»
Service ordinaire ou 5e et dernière classe.	0 fr. 50	

En fin d'année, un décompte sera établi comprenant d'une part le produit de la taxe, d'autre part le montant des sommes versées aux porteurs, au concessionnaire et à la commune. Si le produit de la taxe excède la dépense, l'excédent sera distribué par les soins du trésorier de la fabrique aux 4 porteurs titulaires.

S'il y a un déficit, il sera supporté par le concessionnaire qui pourra réclamer la revision de la taxe. La municipalité et la fabrique se réservent, de leur côté, le droit de la modifier si elle est trop élevée.

Voici maintenant les charges de l'entreprise :

Fournitures et entretien des costumes de deuil des porteurs ;

Fourniture des bières aux indigents ;

Fourniture des estampilles en plomb pour les bières et cercueils indiquant l'année et le numéro d'enregistrement du décès ;

Les frais de transmission de commande pour les convois en dernière classe et pour les indigents.

Le partage des bénéfices entre la fabrique et l'entreprise est prévu de la manière suivante :

Au commencement de chaque mois, le concessionnaire présentera au trésorier de la fabrique le décompte certifié véritable des convois, services anniversaires et fournitures diverses qui auront été exécutés et encaissés dans le courant du mois précédent.

Avant partage, l'entrepreneur prélèvera :

Le montant de la taxe dont il est parlé plus haut ;

Le prix des bières en volige payantes ;

Le prix des voitures vernies destinées au ministre du culte pour conduite au cimetière communal ;

Le prix des déplacements et transports du personnel et du matériel de l'entreprise, hors des limites de la commune ;

Les frais de poursuites avancés pour recouvrement de sommes dues.

Ces prélèvements faits, l'entreprise payera à la fabrique :

50 % sur les fournitures locatives pour convois ;

60 % sur les fournitures en location pour services anniversaires, sauf les berlines de deuil ;

15 % sur lesdites berlines de deuil faisant cortège ;

15 % sur les cercueils et autres fournitures réelles qui restent aux familles.

Le contrat prévoit le cas où, par application d'une loi nouvelle sur les pompes funèbres, la situation de la fabrique se trouverait modifiée. Dans ce cas, le bail serait résilié ou mis d'accord avec les prescriptions légales à partir du jour où la loi serait rendue exécutoire. En ce qui concerne le service religieux, il ne paraît pas exister de tarif approuvé.

Bureaux de tabac. — Il y a dans la commune deux bureaux de tabac : l'un est situé, 1, place Carnot, et l'autre à la Folie, rue de Paris, 13.

Bibliothèque municipale publique. — La bibliothèque municipale a été fondée en 1886. Elle est ouverte tous les jours aux mêmes heures que le secrétariat de la mairie, les fonctions de bibliothécaire étant remplies par le secrétaire. Le nombre des volumes est de 1.600, celui des lecteurs de 250. Le nombre des volumes prêtés en 1898, s'est élevé à 1898, se décomposant comme suit :

Sciences Arts et Enseignement	Histoire	Géographie et Voyages	Littérature Poésie Théâtre	Romans	TOTAL
140	271	143	264	1.080	1.898

Archives de la commune. — Les archives de la commune contiennent :

Les registres paroissiaux depuis le 3 janvier 1652, sauf les années 1698, 1701 et 1702 qui manquent. L'année 1758 paraît incomplète ; elle finit par un mariage à la date du 5 juin ;

Les registres de l'état civil depuis 1792 ;

Les registres des délibérations depuis le 10 février 1862 ;

Et divers dossiers tous modernes.

Les registres sont reliés et en bon état.

§ VII. — PERSONNEL COMMUNAL

NOMBRE	EMPLOI	TRAITEMENT
1	Médecin de l'état civil et du Bureau de bienfaisance.....	3o francs
1	Secrétaire de la mairie (logé)............................	2.100 —
1	Concierge (logé)..	6o —
1	Receveur municipal (emploi occupé par le percepteur de Pantin)...	1.287 —
1	Architecte (5 °/₀ sur les travaux)......................	»
1	Agent voyer..	200 —
1	Cantonnier pour le service vicinal ordinaire	1.6oo —
1	— pour 6 mois	6oo —
1	Garde champêtre..	1.200 —
1	Gardien du cimetière....................................	1oo —
1	Femme de service dans les écoles......................	6oo —
1	— —	17o —

III. — RENSEIGNEMENTS DIVERS

Fêtes locales et foires. — La fête communale a lieu à la Pentecôte. Elle dure trois jours. Elle se tient sur la place Carnot.

Courses de chevaux. — Néant.

Principales industries. — Il existe dans la commune :

Une briqueterie. Elle est située à la limite du territoire, du côté de Pantin. Elle occupe 20 ouvriers environ.

Une fabrique de toiles cirées, installée au lieu dit le clos Billard, près du cimetière parisien de Pantin-Bobigny. Cet établissement occupe 15 ouvriers.

Une tannerie, installée entre la route nationale et le canal de l'Ourcq, au point où le fossé d'assainissement amenant les eaux des égouts de Noisy-le-Sec dans le ru de Montfort passe sous le canal. Elle occupe également une quinzaine d'ouvriers.

Une fabrique de chaudronnerie où sont employés 20 ouvriers et une fabrique de noir animal qui fait travailler quelques ouvriers.

Commerce et productions du pays. — Ainsi que le démontre le tableau ci-dessous, le sol est presque exclusivement affecté à la culture.

Tableau.

| TERRITOIRE | | | CULTURES LABOURABLES | | | | | | | | | | | CULTURES FOURRAGÈRES | | | HORTICULTURE | | VITICULTURE | SUPERFICIE NON CULTIVÉE |
Superficie totale	Agricole	Non agricole	Froment	Avoine	Pommes de terre	Carottes	Navets	Choux	Asperges	Oignons poireaux	Oseille persil	Chicorée pissenlits	Dive rses	Betteraves	Prairies	Luzernes	Potagers maraîchers	Parcs de plaisance		
hec.	hec.	hec.	hec.	hec.	hec.	hec.	hec.	hec.	hec.	hec.	hec.	hec.	hec.	hec.	hec.	hec.	hec.	hec.	hec.	hec.
671	558	113	100	25	90	36	20	20	25	30	10	30	17	15	20	30	70	20	»	»
			403											65			90		»	»
			558 hectares																	

On voit par ce tableau qu'après la culture du froment et celle de la pomme de terre, celle qui occupe la plus grande superficie est la culture maraîchère.

Rendement moyen par hectare ensemencé :

Froment	25 hectolitres
Avoine	50 —
Pommes de terre alimentaires	140 quintaux
Betteraves fourragères	700 —

Écoles libres et établissements privés de bienfaisance. — Rue du Parc, près de la mairie, se trouve un asile privé de vieillards, appelé « asile Sainte-Marthe », fondé en 1891 et dirigé par les sœurs de Notre-Dame des Sept Douleurs.

Cet asile contient 26 lits. Il reçoit des vieillards âgés ou infirmes moyennant une pension dont le prix varie suivant que les hospitalisés sont en dortoir ou en chambres particulières.

A cet établissement est annexée une école privée, spéciale aux filles et dirigée par une institutrice laïque. Cette école a .été fréquentée pendant l'année scolaire 1897-1898 par 24 enfants âgés de moins de 6 ans. Le 4 décembre 1897 et le 4 juin 1898, 21 élèves étaient présentes à l'école.

Sociétés diverses. — Il existe une société de musique, « le Réveil Balbinien ».

Elle compte environ 20 membres payant une cotisation annuelle de 6 francs.

Il existe en outre deux sociétés de « Chevaliers d'Arc », qui forment deux compagnies distinctes.

La première a son tir place Carnot et la seconde rue de la République, n° 12.

Médecins, pharmaciens, vétérinaires, sages-femmes. — Néant.

———

ANNEXES

CONSEIL MUNICIPAL (1898)

(Effectif légal : 16 membres)

MM. BOYER, Antoine - Hippolyte, maire.

HUET, Charles, adjoint.

BOUGUET, François,

LEMAITRE, Victor-Armand,

PAGE, Louis-Auguste,

PRUGNOT, Camille,

GUERRY, Jean-Pierre,

COLLINOT, Charles,

MM. DENCAUSSE, Pierre-Joseph,

DEFERT, Pierre-Nicolas,

FONTAINE, Eugène-Charles,

GAUTILLOT, Claude,

DAMERON, Edme,

ANNEQUIN, Eugène-Joseph,

DURCHON, Louis-Amédée,

X. . . . .

TARIF DES CONCESSIONS

LE CIMETIÈRE

(Délibération du 15 novembre 1854, modifiée par délibération du 4 août 1893,
approuvée le 28 octobre de la même année)

———

La superficie concédée pour un adulte est au minimum de deux mètres carrés ; pour un enfant de moins de 7 ans, elle est d'un mètre.

Les prix sont fixés comme suit :

CONCESSIONS PERPÉTUELLES

Pour adultes :

Deux mètres sur un mètre . . . . 150 fr.
Le 3ᵉ et le 4ᵉ mètre. . . . . 102 fr. chacun
Le 5ᵉ et le 6ᵉ mètre. . . . . 150 fr.   —

Pour enfants :

Un mètre superficiel. . . . . 102 fr.

CONCESSIONS TRENTENAIRES

Pour adultes :

Deux mètres sur un mètre . . . . 90 fr.
Le 3ᵉ et le 4ᵉ mètre. . . . . 60 fr. chacun
Le 5ᵉ et le 6ᵉ mètre. . . . . 75 fr.   —

Pour enfants :

Un mètre superficiel . . . . 60 fr.

CONCESSIONS TEMPORAIRES DE DIX ANS

Pour adultes :

Deux mètres superficiels . . . .   60 fr.

Pour enfants :

Un mètre superficiel . . . .   30 fr.

CONCESSIONS QUINQUENNALES

Deux mètres carrés . . . .   30 fr.

N. B. — Seules les concessions trentenaires peuvent être renouvelées sur place.

DROITS DE SÉJOUR DANS LE CAVEAU PROVISOIRE

Par jour et par corps. . . . .   1 fr.

TARIF DES DROITS DE VOIRIE

(Revisé par délibération du 20 septembre 1890, approuvée le 17 janvier 1891)

---

§ I. — CONSTRUCTIONS NEUVES

Alignements

Alignement de bâtiment en maçonnerie ou en pan de bois :

— pour le rez-de-chaussée, par mètre linéaire.	3 fr. »
— pour chaque étage en sus, par mètre linéaire.	1 fr. »
— de mur de clôture plein en maçonnerie, par mètre linéaire.	1 fr. »
— de mur d'appui avec grilles, par mètre linéaire	1 fr. 50
— de clôture en planches, par mètre linéaire.	o fr. 50
— de clôture ou haie, échalas ou treillage, par mètre linéaire	o fr. 20
Exhaussement d'un bâtiment, par étage et par mètre linéaire	1 fr. »
— d'un mur de clôture, par mètre linéaire .	o fr. 20
Conversion d'un mur de clôture en mur de bâtiment :	
— pour le rez-de-chaussée, par mètre linéaire	2 fr. »
— pour chaque étage en sus, par mètre linéaire	1 fr. »

NOTA. — Les façades seront mesurées pour leur longueur intégrale, sans déduction des baies.

Saillies fixes

Petit balcon et barre d'appui, n'excédant pas 0ᵐ22 de
saillie, droit fixe. . . . .   3 fr.   »
Grand balcon, au-dessus de 0ᵐ22 de saillie, par
mètre linéaire. . . : . . . .   5 fr.   »
Colonne ou pilastre en pierre ou en maçonnerie,
droit fixe. . . . .   2 fr.   »
Corniche ou entablement en pierre ou en maçonnerie, par mètre linéaire. . . . .   1 fr.   »
Seuil ou soubassement dépassant 0ᵐ10 de saillie, par
mètre linéaire. . . . .   1 fr.   »
Devanture de boutique en saillie, compris corniche,
par mètre linéaire. . . . .   2 fr.   »
Tuyau de descente ou d'évier :
— pour le rez-de-chaussée, droit fixe. . . . .   2 fr.   »
— pour chaque étage en sus, droit fixe. . . . .   1 fr.   »
Grilles ou barreaux de croisée ou de porte en saillie,
par croisée ou porte marquise, par mètre linéaire   5 fr.   »
Auvent de boutique, par mètre linéaire. . . . . .   3 fr.   »
— de porte et de croisée, droit fixe. . . . . .   3 fr.   »
Moulinet de boulanger ou poulie, droit fixe. . . .   5 fr.   »
Chardons en fer, herse, artichauts, droit fixe. . . .   2 fr.   »

Saillies mobiles

Jalousies, volets ou persiennes, par croisée ou porte,
droit fixe . . . .   1 fr. 50
Stores et bannes, par mètre linéaire. . . . .   1 fr.   »
Tableau, enseigne, montre, écusson, abat-jour,
globe d'éclairage, lanterne, transparent, attribut,
bouchon de cabaret, affiche ou annonce encadrée
par des moulures en relief, droit fixe. . . . . .   3 fr.   »

NOTA. — Pour le remplacement des saillies mobiles, il ne sera perçu qu'un
demi-droit.

§ II. — TRAVAUX DE RÉPARATIONS

Reconstruction partielle

Reprise dans la façade d'un bâtiment pour la construction d'un
trumeau ou le bouchement d'une baie :
Au rez-de-chaussée, par mètre linéaire. . . . . .   2 fr.   »

Pour chaque étage en sus, par mètre linéaire. . . .   o fr. 5o
Bouchement des baies dans un mur de clôture, par
mètre linéaire . . . .   o fr. 5o

Ouverture ou agrandissement

1° D'une croisée, soupirail, œil-de-bœuf, compris
linteau, droit fixe. . . . .   2 fr.   »
2° D'une porte bâtarde, ou de cave, compris linteau,
droit fixe.   3 fr.   »
3° D'une porte cochère ou grille, compris portail,
droit fixe.   6 fr.   »
4° D'une baie de boutique, compris portail, par
mètre linéaire . . . .   2 fr.   »

Pose ou remplacement

1° D'une jambe étrière ou d'un pied-droit, droit
fixe. . . . .   5 fr.   »
2° D'un poitrail, droit fixe. . . . .   3 fr.   »
3° D'un linteau, droit fixe. . . . .   1 fr.   »
4° D'un poteau ou colonne en fer, droit fixe. . . .   2 fr.   »

Ravalement

Ravalement général d'un bâtiment :
    Pour le rez-de-chaussée, par mètre linéaire.   o fr. 4o
    Pour chaque étage en sus, par mètre linéaire   o fr. 2o
Ravalement partiel d'un bâtiment :
    Pour le rez-de-chaussée, par mètre linéaire.   o fr. 3o
    Pour chaque étage en sus, par mètre linéaire   o fr. 15
Ravalement général d'un mur de clôture, compris
réfection du chaperon, par mètre linéaire. . . .   o fr. 3o
Le même, partiel, par mètre linéaire . . . .   o fr. 2o

NOTA. — Pour tous les ravalements, il ne sera jamais compté moins de
1o mètres de façade.

Revêtements en dalles, briques, ciment ou rocailles
d'un soubassement, par mètre linéaire. . . . .   o fr. 5o

§ III. — DROITS DIVERS

Barrière au-devant des travaux et échafaudages, par
mètre linéaire.   o fr. 5o
Étai, chevalement, contrefiche, étrésillons, droit
fixe et par mois. . . . .   3 fr. »
Dépôt de matériaux sur la voie publique, en dehors
d'une barrière autorisée et taxée, par mètre
superficiel et par mois. . . . .   o fr. 25

Mode de mesurage

Pour tous les articles taxés au mètre linéaire, on ne pourra
compter moins d'un mètre.

Pour tous les articles taxés au mètre superficiel ou au mois, on
ne pourra compter moins d'un mètre ni moins d'un mois.

Le recouvrement des droits n'aura lieu qu'après que les permis-
sions de voirie auront été délivrées dans les formes prescrites par
les lois et règlements.

TABLE

§ IV. *Justice et Police*

§ V. *Cultes*

§ VI. *Services divers*

§ VII. *Personnel communal*

III. — RENSEIGNEMENTS DIVERS

ANNEXES

COMPOSÉ, IMPRIMÉ ET BROCHÉ
PAR LES PUPILLES DU DÉPARTEMENT DE LA SEINE
ÉLÈVES DE L'ÉCOLE D'ALEMBERT
A MONTÉVRAIN

COMPARAISON

DE LA

POPULATION

ET DES

RECETTES ORDINAIRES

Relevées aux époques de Recensement

(1801 à 1896)

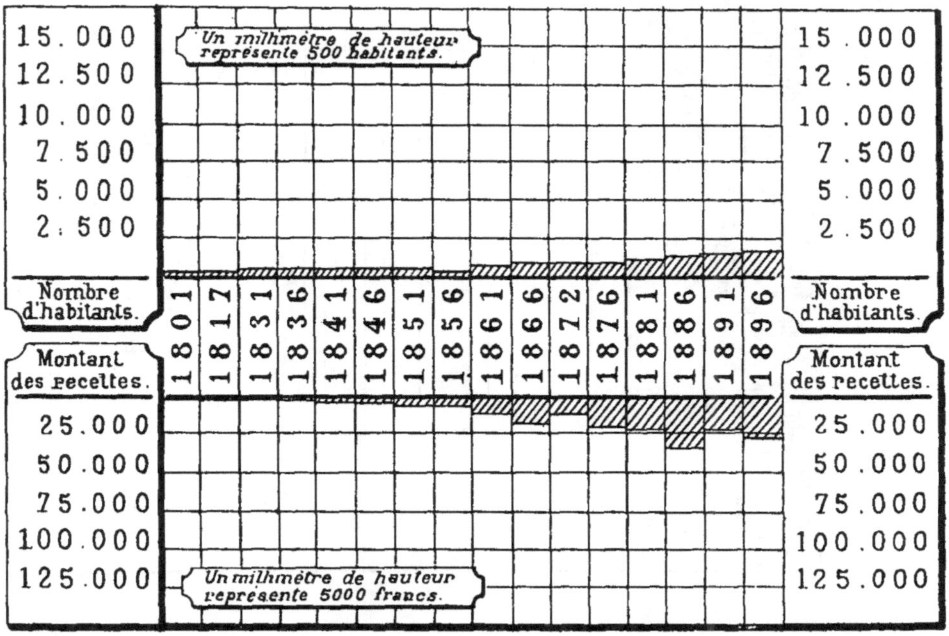

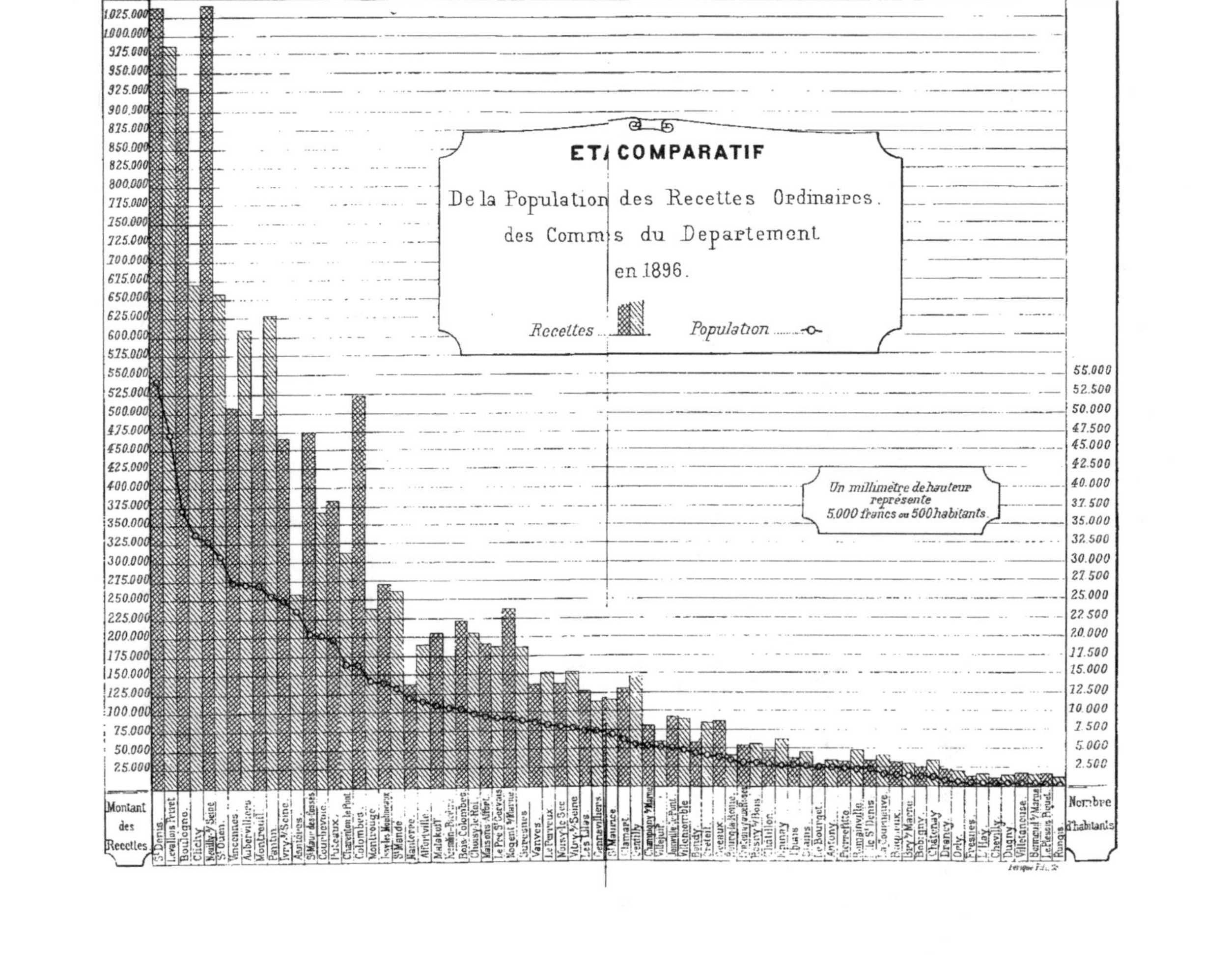

ETAT COMPARATIF
De la Population des Recettes Ordinaires.
des Comm.s du Departement
en 1896.
Recettes
Population
Un millimètre de hauteur représente 5.000 francs ou 500 habitants.
Montant des Recettes
Nombre d'Habitants
1.025.000
1.000.000
975.000
950.000
925.000
900.900
875.000
850.000
825.000
800.000
775.000
750.000
725.000
700.000
675.000
650.000
625.000
600.000
575.000
550.000
525.000
500.000
475.000
450.000
425.000
400.000
375.000
350.000
325.000
300.000
275.000
250.000
225.000
200.000
175.000
150.000
125.000
100.000
75.000
50.000
25.000
55.000
52.500
50.000
47.500
45.000
42.500
40.000
37.500
35.000
32.500
30.000
27.500
25.000
22.500
20.000
17.500
15.000
12.500
10.000
7.500
5.000
2.500
S.t Denis.
Levallois Perret.
Boulogne.
Clichy.
Neuilly S.t Seine
S.t Ouen.
Vincennes.
Aubervilliers.
Montreuil.
Pantin.
Ivry S.t Seine.
Asnières.
S.t Maur des fosses.
Courbevoie.
Puteaux.
Charenton le Pont.
Colombes.
Montrouge.
Issy les Moulineaux.
S.t Mandé.
Nanterre.
Alfortville.
Malakoff.
Kremlin-Bicêtre.
Bois-Colombes.
Choisy-le-Roi.
Maisons-Alfort.
Le Pré S.t Gervais.
Nogent s/Marne.
Suresnes.
Vanves.
Le Perreux.
Noisy-le-Sec.
Vitry-s/Seine.
Les Lilas.
Gennevilliers.
S.t Maurice.
Clamart.
Gentilly.
Champigny s/Marne.
Villejuif.
Joinville-le-Pont.
Villemomble.
Bondy.
Creteil.
Sceaux.
Bourg-la-Reine.
Fontenay-aux-Roses.
Bessy s/Bois.
Chatillon.
Epinay.
Thiais.
Clans.
Le Bourget.
Antony.
Pierrefitte.
Romainville.
Ile S.t Denis.
La Courneuve.
Baqueux.
Bry s/Marne.
Bobigny.
Chatenay.
Drancy.
Orly.
Fresnes.
L'Hay.
Chevilly.
Dugny.
Villetaneuse.
Bermeud s/Marne.
Le Plessis Piquel.
Rungis.

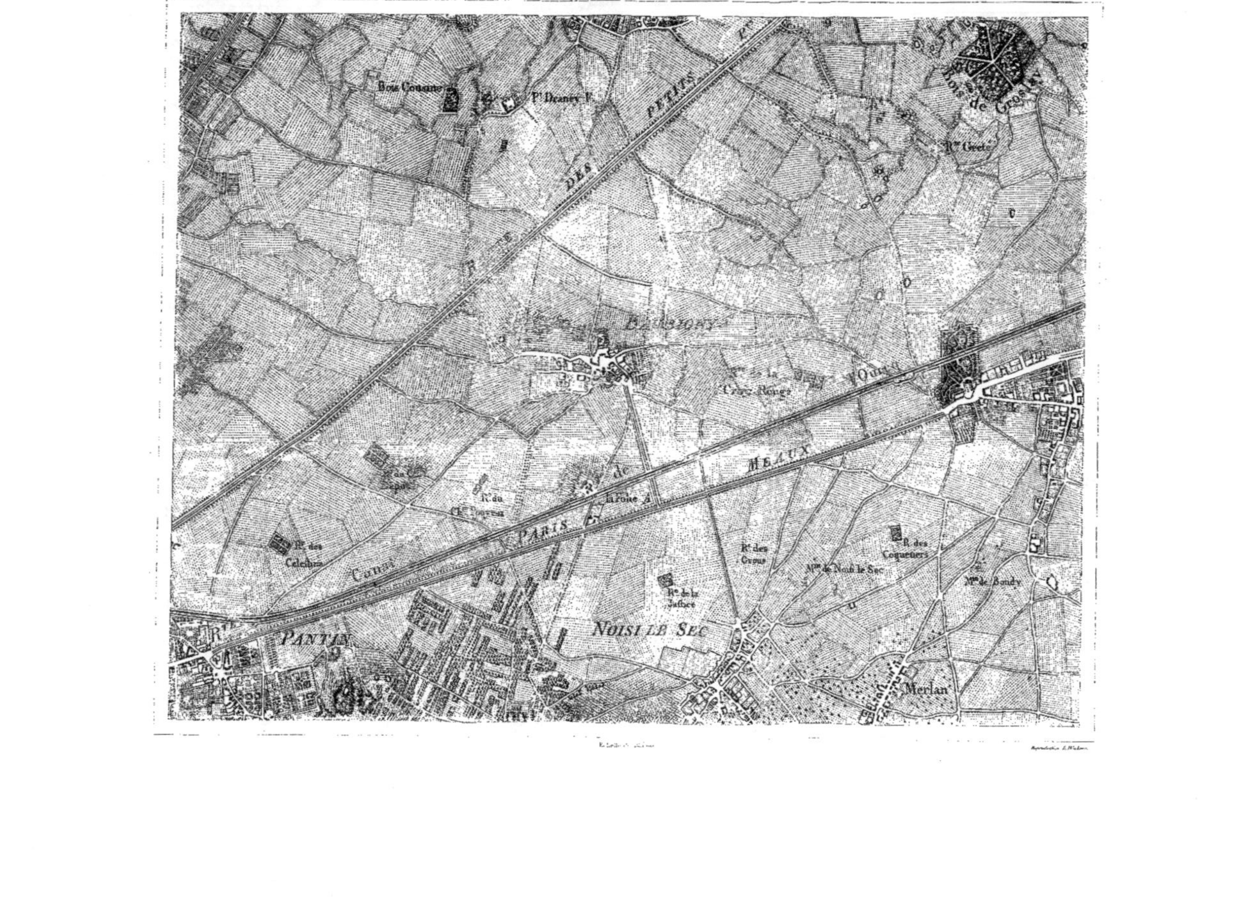
Bois de Groslay
Bois Cousanne
P' Drancy
PETITS
DES
BOBIGNY
Crex Rouge
Quai
MÉAUX
la Poste
PARIS
Canal
R. des Celebres
R. de la Justice
R. des Capus
R. des Coquetiers
N... de Noisi le Sec
M... de Bondy
PANTIN
NOISI LE SEC
Merlan

BOBIGNY

Monographie des Communes du Département de la Seine.
SEINE-ET-OISE
Petit Drancy
BOBIGNY
BONDY
la Folie
NOISY-LE-SEC
SIGNES CONVENTIONNELS
Limite des Communes
Réduction, Extrait de l'Atlas des Communes du Département de la Seine au 1:5000 de 1896-1900.
Echelle de 1:8000
Gravé par L. Wührer

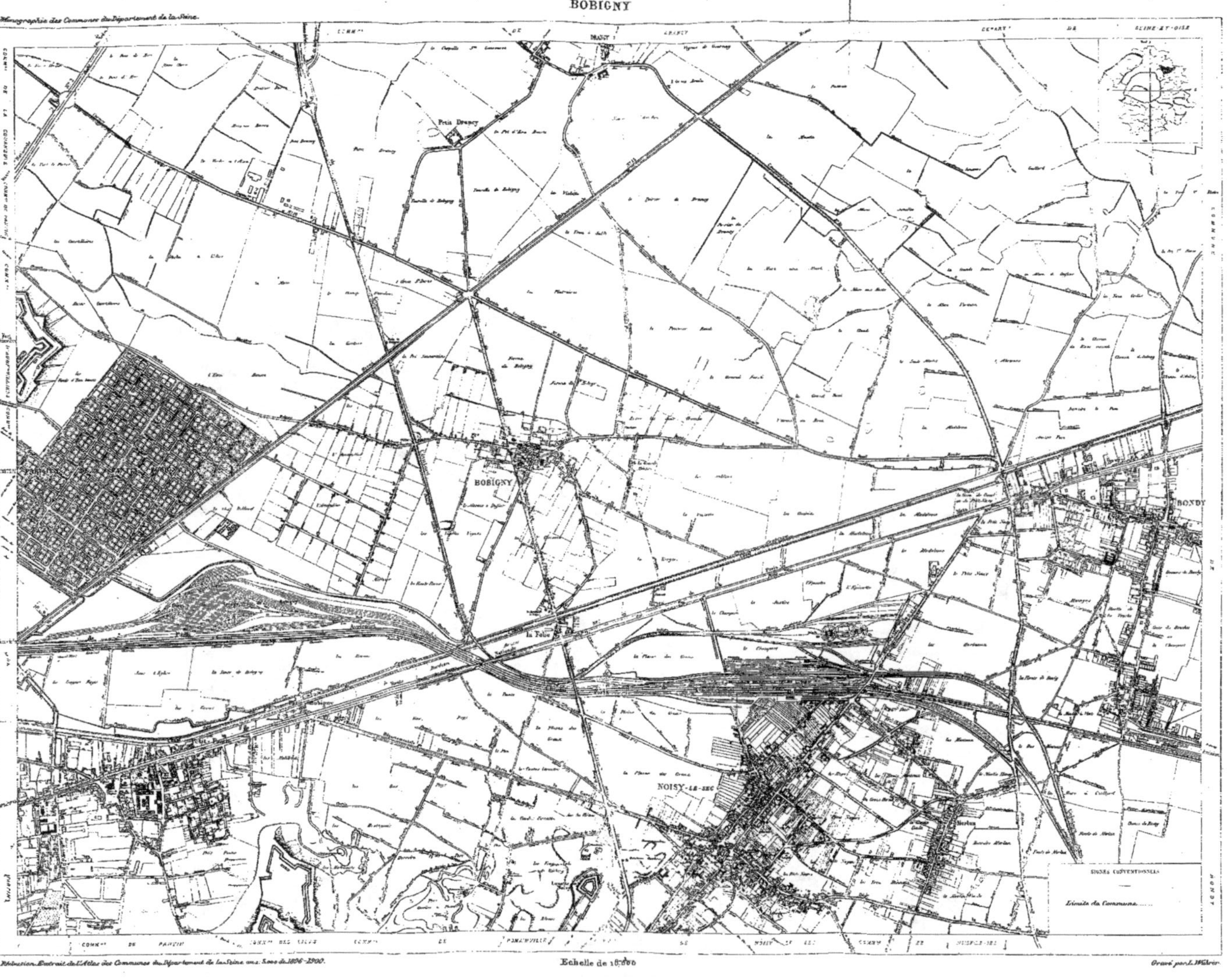

www.ingramcontent.com/pod-product-compliance
Lightning Source LLC
Chambersburg PA
CBHW051241030726
47595CB00003B/1017